DAXUESHENG

CHUANGYE JINENG PEIXUN JIAOCAI

大学生创业技能培训教材

创业企业生产经营管理

谷 炜 王 旭 李 岭 吴 磊 编 著

中国劳动社会保障出版社

图书在版编目(CIP)数据

创业企业生产经营管理/谷炜，王旭，李岭，吴磊编著. —北京：中国劳动社会保障出版社，2011

大学生创业技能培训教材

ISBN 978-7-5045-9180-7

Ⅰ.①创… Ⅱ.①谷…②王…③李…④吴… Ⅲ.①企业管理-教材 Ⅳ.①F270

中国版本图书馆 CIP 数据核字(2011)第 164418 号

中国劳动社会保障出版社出版发行

(北京市惠新东街 1 号 邮政编码：100029)

出 版 人：张梦欣

*

北京外文印刷厂印刷装订 新华书店经销

880 毫米×1230 毫米 32 开本 6.375 印张 141 千字

2011 年 8 月第 1 版 2011 年 8 月第 1 次印刷

定价：18.00 元

读者服务部电话：010－64929211/64921644/84643933

发行部电话：010－64961894

出版社网址：http://www.class.com.cn

大学生创业技能培训教材
编辑委员会名单

创业是富民的根本大事

全国政协副主席　黄孟复

就业是民生之本。近年来，就业成为我国经济和社会发展面临的一个严峻挑战。一方面，我国每年新增就业人口数量较大；另一方面，由于经济结构的升级和资本有机构成的提高，我国经济增长吸纳劳动力的作用有所减弱，包括大学生在内的广大青年就业难成为普遍现象。在这种环境下，鼓励创业逐渐成为破解我国就业困局和强国富民的重要手段。党的十七大报告明确提出要实施扩大就业的发展战略，促进以创业带动就业。完善支持自主创业、自谋职业政策，加强就业观念教育，使更多劳动者成为创业者。

当前我国的创业企业在数量和规模上均明显不够，公民创业意愿仍显不足，主动创业的少，被动创业的多，大多数人不敢创业和少数人盲目创业的现象并存。造成这种局面主要是因为：一方面人们对创业的了解不够全面，对创业存在认识误区，倾向于把创业看成是被逼无奈的选择，造成对创业风险的评估过高；另一方面是由于创业需要具备多项技能，使一批又一批具备创业勇气但技能欠缺的人未能实现成功创业。此外，创业意愿不足与青年朋友欠缺企业家精神也有很大关系，企业家精神包含敢于冒险、勇于创新和坚忍不拔等特质，一些青年朋友并未具备这种精神。近年来，大学生对公务员、国有企业的过度热衷，不愿意到民营企业就业就是一个例证。

因此，在鼓励创业的同时，要加强政策支持和社会服务体系建设，在全社会形成认同创业和支持创业的良好环境，尤其是应该通过教育培训和广泛宣传，普及创业的基本知识和技能。一是消除人们对创业的偏见，让人们认识到创业是在具备一定条件后便可进行的正常行为，如果能较好地管理风险，创业是实现自我发展的重要途径之一。尤其是对于充满活力、勇于接受新事物的广大青年朋友来说，有理性地进行创业是一个不错的人生发展道路。二是以专业的培训提高创业者进行创业活动的各项基本技能，使更多有勇气和胆量进行创业的人，能够做到心中有数。

从高校和培训机构的数量来看，可以说，我国的创业教育和培训的机构及师资力量都相对充裕，但用于指导创业培训的系统性教材较少。周天勇教授多年来一直潜心研究我国社会结构转型期的创业和就业问题，由其组织国内专业力量主编的本套丛书为我国大学生和广大读者提供了一整套内容全面、形式活泼的创业技能及知识普及教材。丛书通过浅显易懂的语言，让更多的人了解并熟悉创业需要具备的知识、技能及具体的操作流程，理性认识创业，既不畏惧创业，也不盲目创业。尤其是有利于广大大学生认清自己是否已经具备进行创业的条件，在创业时机到来时，不至于错过，为创业活动提供指导，营造主动创业、从容创业氛围。

本套丛书可读性较强，在一定程度上填补了国内此类教材的空白，为高校和培训机构进行创业教育和辅导提供了有针对性的专业教材，现实意义很大，有利于促进我国以创业带动就业的发展目标，期待丛书能如期出版。

创业是富民的根本大事。希望创业活动能在我们国家蓬勃发展，更多的人能够树立正确的创业观，敢于创业，理性创业，有准备地创业，以创业的方式实现自我价值，尤其是更多的具备一定条件的大学生能够走上奋发图强、报效国家的创业之路。

是为序。

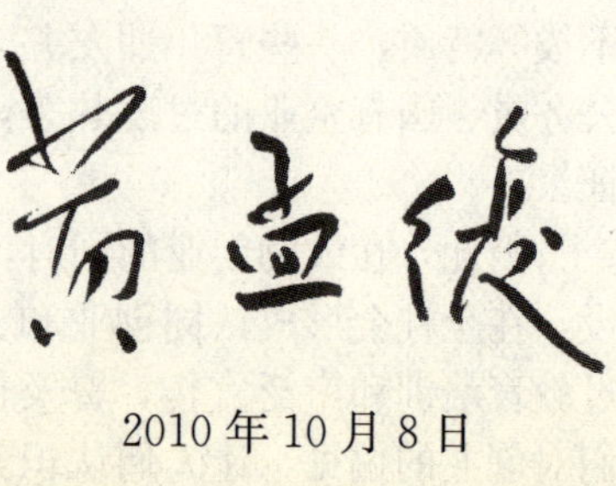

2010 年 10 月 8 日

努力落实促进创业带动就业的重大战略

人力资源和社会保障部副部长　张小建

着力保障和改善民生，是贯彻落实党的十七大决策部署的重要任务，也是深入实践科学发展观的重要内容。就业是民生之本。在做好就业工作中，促进以创业带动就业，不仅是扩大就业的重要途径，并且是实施积极就业政策的主要抓手。创业是劳动者通过自主创办生产服务项目、企业或从事个体经营实现市场就业的重要形式。促进劳动者自谋职业、自主创业，一方面能够解决劳动者自身就业的问题，另一方面能够创造出新的就业岗位，带动更多的人实现就业，具有就业的"倍增效应"。据统计，我国个体1个人创业平均可以带动2～3个人就业，创办1个私营企业平均可以带动13个人就业。2002年以来，我国实施了积极的就业政策，其中一个重要内容就是鼓励和支持劳动者自谋职业、自主创业，对劳动者创业给予了更多的重视、鼓励和更大的支持。在这次应对国际金融危机对我国就业冲击的过程中，我国抓紧实施促进以创业带动就业的举措，取得较好效果。在企业吸纳就业受到一定影响的情况下，大力推动劳动者自谋职业、自主创业，通过其自身努力，更多、更好地开发就业新领域，创造新的就业机会，同时，为劳动密集型中小企业的生存和发展创造更加有利的环境，为降低经济形势变化对就业产生的不利影响发挥了积极作用。

促进以创业带动就业的关键是要推动高校毕业生、农民工、复转军人和下岗失业人员等重点人群的创业。当前，我国高校毕业生创业参与和成功率，无论是与其他群体比还是与国际比都较低，这一方面表明差距所在，另一方面也表明推动大学生这一具有知识基础又最富有激情的群体创业，是有广阔的发展空间的。因此，要重视激发大学生的创业活力，挖掘大学生的创业潜能，发挥他们的专业知识优势，鼓励他们满足市场需求，大胆去试去闯。要积极开展大学生创业教育和实践活动，增强创业意识，提高创业能力。要落实好创业扶持政策，激发他们的创业热情，提供合适的创业项目和创业专家咨询服务，加强创业指导，建立专门的创业孵化基地和创业园区，为他们的创业铺开一条绿色通道，大力提高他们的创业成功率。

人力资源和社会保障部对推动高校毕业生创业工作予以高度重视，并作为重点工作进行部署安排和推动。2010 年年初，经国务院同意，人力资源和社会保障部等 6 部门下发了大力促进高校毕业生就业的通知，部署 2010 高校毕业生就业推进行动，明确提出把高校毕业生就业摆在当前就业工作的首位，突出抓好“岗位拓展计划”“创业引领计划”和“就业服务与援助计划”这三个计划的实施。5 月初，人力资源和社会保障部又专门发布了《关于实施大学生创业引领计划的通知》，具体组织实施“大学生创业引领计划”。该计划旨在贯彻落实党中央、国务院促进以创业带动就业的战略部署，坚持政府促进、社会支持、市场导向、自主创业的基本原则，发挥政府部门、公共服务机构和高等学校的职能作用，调动社会各方面力量，采取一系列鼓励、引导和扶持措施，强化创业意识，提升创业能力，改善创业环境，健全创业服务，引导和带领一大批大学生通过创业实现就业。工作目标确定为：在 2010—2012 年的 3 年中，引领 45 万名大学生实现创业。使有创业愿望并具备一定条件的大学生都得到创业培训，准备创业的大学生都得到创业指导服务，市场导向的大学生创业机制初步建立。

“大学生创业引领计划”的主要任务包括四个方面：开展大学生创业培训（实训）、对大学生创业给予政策扶持、为大学生创业提供指导服务、为大学生创业提供孵化服务。其中，为提高大学生的创业意识，让大学生做好创业准备，组织开展大学生创业培训（实训）成为该计划的首要任务。包括按规定认定创业培训（实训）机构，选评一批创业培训师和讲师，探索建立模拟公司、信息化创业实训平台等，组织有创业愿望的大学生参加创业培训或演练。

为搞好大学生创业培训，需要开发一系列针对大学生群体的创业培训教材和丛书。由周天勇等同志共同编写的本套丛书，立足大学生创业培训的现实需要，覆盖大学生创业的各个方面和相关环节，针对性较强。由于兼顾了创业基本知识和实际操作技能的普及，特别是汇集了各类创业案例的展示和分析，可以作为创业培训的辅助教材，能够为开展大学生创业培训和实训提供较好的指导和帮助。这套丛书的出版，也体现了社会各方面对大学生创业的关心和支持，在此，对编者表示衷心感谢。希望丛书能在我国大学生创业培训体系建设过程中得到应用和检验，并不断丰富和完善。

张小建

2010年10月8日

重大战略：建设一个创业型的国家

中共中央党校政策研究室　周天勇

胡锦涛同志在谈及构建社会主义和谐社会时重申了党的十六大有关鼓励创业的精神：必须最广泛、最充分地调动一切积极因素，发挥各方面的创造活力，不断推动经济社会发展；要全面贯彻尊重劳动、尊重知识、尊重人才、尊重创造的方针，形成与社会主义初级阶段基本经济制度相适应的思想观念和创业机制，营造鼓励人们干事业、支持人们干成事业的社会氛围，放手让一切劳动、知识、技术、管理和资本的活力竞相迸发，让一切创造社会财富的源泉充分涌流，以造福于人民。我认为，我们有必要从经济和社会发展的战略高度，对有关形成创业机制，特别是鼓励人们创业和干事业的精神，加以深入理解，并且在战略部署、体制安排、政策设计及制定方面予以贯彻和落实。

建设创业型国家的重大战略意义

鼓励人民创业，建设创业型国家，是落实科学发展观的重要内容。发展依靠谁？我认为需要分清两种发展的动力观：一种是人民创业推动发展，另一种是政府创业推动发展。过去，特别是计划经济时期，我们的经济发展采取政府投资、国家创业、劳动者就业推动的方式。这种政府主导创业推动的经济增长，亏损面大，消耗高，并且资本有机构成越来越高，劳动参与率越来越低，特别是农民参与非农业劳动和分配的比率很低，GDP 的资本和国家分配比率日益上升，人民生活水平并没有与经济发展同步提高。而全心全意依靠全体人民的奋斗精神和艰苦创业推动经济发展，既可以使人民群众的积极性和创造力充分发挥出来，又减少了经济发展的组织成本，把降低资源消耗变成广大创业者的行动，还使得广大人民群众的智能、技能、才能和劳动能力得到充分利用，经济发展充满活力，形成人民广泛参与推动发展和分享发展成果的局面。

鼓励人民创业，就是政府创造宽松的体制和政策环境，并给予帮助，引导广大人民群众积极投资创业，创办个体、微型和中小企业；通过小本投资、实用技术、经营管理和劳动投入，造就大量的个体和中小业主，形成资产积累，拥有产业；通过个体、微型和中小企业提供大量的就业和个人发展的机会，包括非正规就业岗位，使广大劳动者谋求事业、自主就业。从过去国家创业，政府办企业和事业，通过党政社团机关、事业单位和国有企业吸收就业，转变为鼓励人民创业，大量地通过非正规、个体、微型和中小企业就业，既符合世界各国企业、就业结构和创业及就业的规律，也是中国国情、体制转轨、结构调整的一种必然趋势。

只有鼓励广大人民群众创业，才能转变经济增长方式，也是未来推动中国经济发展的主要动力源泉。从目前经济增长的要素结构来看，资本、土地、资源等要素投入推动的比重较大，而劳动和技术要素推动的比重相对较小，经济增长呈现一种土地和资源消耗型的方式。鼓励人民创业和创新，一是可以将过剩的劳动力资源尽可能多地转变成劳动密集程度较高的制造业产品，提高生产的技术含量，将劳动力过剩劣势转化为劳动力丰富的比较优势，增强产业的技术竞争力，减少发展对资本和资源的依赖；二是发展生产服务和生活服务业，提高第三产业的就业和产出比重，降低土地和资源消耗水平。目前，我国经济增长的动力主要来自于特大和大型企业的发展、外资投入、出口拉动、政府的基础设施建设、房地产投资等，能吸收就业和利用劳动力资源的微型企业和中小企业对经济增长的拉动和贡献相对较小。而有关计算研究表明，由于我国目前除了特大型企业少，更重要的是微型和中小企业数量太少，从调整企业结构的角度看，我国未来经济增长的26%，应当来自于个体、微型和中小企业的投资、经营和就业。鼓励创业，将会改变目前发展的动力结构偏重依赖于大企业、外资出口和房地产的不合理局面。

只有鼓励人民创业，大力发展个体、微型和中小企业，才能转移农业过剩的劳动力，从根本上解决“三农”问题。创业形成的个体、微型和中小企业，可以吸收从农业和农村向城市和非农产业转移的农民。从我国农民的收入结构看，主要来自于农业和务工收入，而同样地少人多的日本、韩国和我国台湾地区，农民的收入来自于产业（小商铺、小工厂）收入、物业（土地和房产出租及入股）收入、就业（非农业工作）收入和农业收入四大部分，其中农业收入的比率越来越低，目前已经降低到1/5左右。因此，增加农民收入，让农民富裕起来，很重要的方式就是通过鼓励创业，使农民不仅有农业和非农业就业收入，还有产业和物业收入。

只有鼓励创业，才能从根本上解决我国的城乡就业难题。当前，面对就业压力，建设创业型的国家，已经是一个非常紧迫的战略任务。从世界各国企业结构和劳动力就业的规律来看，95％以上的企业是微型和中小企业，每个微型和中小企业平均就业规模9～15人，65％～80％的劳动力在个体、微型和中小企业中就业，发展中国家每千人20～30个企业，发达国家每千人45～55个企业。微型和中小企业，是吸收劳动力就业的基础组织单元。根据普查，2004年，包括具有微型和中小企业规模的个体经济，我国每千人只有3.1个企业，大大低于世界各国每千人企业数量水平。因此，大力发展个体、微型和中小企业，将政府投资、国家创业、劳动者就业的道路，转变成人民创业，国家提供公共服务和社会管理，就业之路才会越走越宽。

只有鼓励人民创业，才能从积极方面缩小城乡、地区和居民之间的发展和收入差距，才能在初次分配方面实现基础性的社会公平。一些拉美国家发展的教训说明，微型和中小企业相对少，中等收入人口占总人口比例就小，因失业和就业不足而导致的低收入和贫困人口比例就大，收入两极化的状况就很明显。而东亚一些国家和地区的发展则相反，由于中小企业多，就业岗位多，中等收入人口多，贫困人口相对少，人民生活水平提高较快，贫富差距被缩小，基尼系数也较低。因此，通过创业，城乡居民拥有产业（商业和工厂）、物业（房地产）、财业（股票、债券和存款等）、事业（工作室、个体经营、特殊职业、个人发展目标等）、就业（工作岗位）和家业（住房、耐用消费品和汽车等），才能扩大我国社会中等收入者的比重，减少因失业造成的贫困人口，提高低收入者收入水平，形成一个初次较为公平分配的格局。

为什么编写这样一套创业丛书

为了落实党的十七大提出的“创业带动就业的”民生战略，在张远华和刘耀天等热心于青年创业事业的人士的支持下，我们组织了对创业有研究和实践，并在大学教授创业课程的学者及教师撰写了这样一套丛书。

虽然国家提倡创业，但是大学生、社会青年，包括一些失业后想创业的中年人群如何创业，目前市面上还没有实际能操作的一套系列丛书。我们不仅要从精神上鼓励青年创业，还要从操作层面上授他们以工具。这就是我们编写这套丛书的初衷。

这套丛书的特点是，比较系统和配套，让创业者从如何进行创业准备、如何进行工商注册等这样的具体的过程谈起，并讲到如何选择项目、如何开拓市场，包括怎样规避创业的风险，从过程到案例，许多是亲身经历者的体会。创业也不能打无准备之仗。而准备，就是要通过书本了解前人总结的创业的一般性过程、规律、成功的条件及存在的风险等。当然，创业是千差万别的，这套丛书只是给最初创业者一个书本上的知识。真正如何进行创业，还要把书本上的知识与实践相结合。中国文化上常讲“觉悟”一词，这套书就是给准备创业和正在创业的人以“觉”。需要注意的是，创业的成功在于创业者的“悟”，仅有“觉”没有“悟”，创业很难成功。但是，没有“觉”就没有“悟”的知识基础，就不会有更好的“悟”。创业成功，需要“觉”和“悟”相结合，这就是这套丛书的贡献所在。

实施建设创业型国家战略的政策建议

建设创业型国家战略能不能实施，人民能不能积极地创业，使个体、微型和中小企业有一个长足的发展，根治失业和缓解社会不公平问题，关键在于坚持发展非公有制经济不动摇，在于政府有关体制的改革和行为的规范，在于一些支持创业政策的出台。党的十六大报告提出，在社会变革中出现的民营科技企业的创业人员和技术人员、受聘于外资企业的管理技术人员、个体户、私营企业主、中介组织的从业人员、自由职业人员等社会阶层，都是中国特色社会主义事业的建设者。对为祖国富强贡献力量的社会各阶层人们都要团结，对他们的创业精神都要鼓励，对他们的合法权益都要保护，对他们中的优秀分子都要表彰，努力形成全体人民各尽其能、各得其所又和谐相处的局面。

目前，我们的思维模式、体制和有关政策，还带有浓厚的国家创业推动经济发展的色彩，在审批、注册、市场准入、检查、收费、罚款、融资、土地等诸方面，对人民创业、国家服务和管理这样的发展模式，存在着这样或那样的不相适应。从实施创业型国家的战略看，关键是要改革阻碍和影响人民创业的行政管理观念、管制体制、法律和条例及较高税费负担和歧视创业的有关政策。一是清理对创业不利的行政管制体制，学习各国解决就业的经验，允许备案型的个体、微型和中小非登记企业存在和发展；改变行政监管的重复、交叉、多层执法状况，杜绝个别机构和公务员为了部门和个体利益恶意执法的现象。二是改革目前执法部门利用公权牟取机构利益的体制，清理和废除对个体、微型和中小企业的各种收费和罚款，废除财政对各执法部门的收支两条线、超收奖励、罚款分成制度，工商、质监、城管、食药监、卫生、防疫、土地、建设、规划、市政等部门，由纳税人所交的税收全额供养，形成一个有利于人民创业的廉洁的政府环境。三是轻税薄赋，对人民创业，对能大量增加转移农村劳动力和就业的个体、微型和中小企业实行低税收制度，适当降低增值税和所得税税率；对农民创业的农产品加工，原料的增值税应当予以抵扣；投资土地使用权、设备和厂房等，应当在增值税和所得税项中进行适当的抵扣。四是加快金融体制的改革，对民间中小融资实行较为宽容的合理合法的管理；发展融资担保、风险投资、租赁融资等融资方式；鼓励银行为人民创业贷款，对向个体、微型和中小企业积极贷款的银行，国家在银行税收方面给以优惠。政府还要在信息服务、贷款贴息、扶持基金、经营场地等方面创造创业的环境。

创业形成的企业，是社会生产经营的组织形式，其诞生和运营往往有政府准入和管理的管制和收费制度。因此，企业法人的诞生数量，企业在运营中生死多少，能不能建设一个创业型国家，除了决定于创业者、资金、市场、经营管理水平等因素以外，很重要的一个方面是决定于政府对个体、微型和中小企业的管理方式和行为。政府从自己投资创业转向鼓励人民创业，从行政管制转向公共服务，从执法牟取部门利益转向清正廉洁执法，将是实施建设创业型国家战略是否成功的关键。

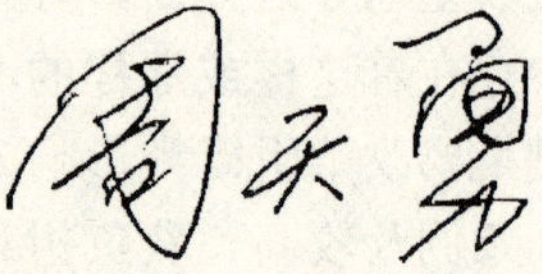

2010 年 11 月 2 日于大有庄 100 号

目录

第一章　凡事预则立：生产与服务计划

第二章　巧妇难为无米之炊：物流与采购

第三章　留住人才：人事与薪酬

第四章 零差错：产品与服务质量

第五章 与环境和谐发展：企业公共关系管理

第六章 企业发展的助推器：电子商务

第一章

凡事预则立：生产与服务计划

学习目标：

通过本章的学习，你将能够了解：

如何进行市场预测

如何进行生产经营能力预测

如何制定生产计划和生产作业计划

做全国市场，一定要先做一个试销市场，要一点点来，快不得；做成了，真到做全国市场时，要快半步，慢不得！

——史玉柱

第一节 市场预测

创业企业资金有限，市场空间有待拓展，因此，科学地预测目标市场，有的放矢、张弛有度，据此做出合理的生产计划，才能规避风险，实现快速发展。

市场预测是企业制定营销战略和营销策略的依据，是制定生产计划的前提。在市场调研的基础上，企业利用一定的市场预测方法或技术，测算一定时间内市场供求依据趋势和影响市场营销因素的变化，如目标市场的未来发展趋势、市场占有率变化、商品销售趋势变化、竞争对手营销策略变化等，从而为企业的营销决策提供依据。

一、市场预测的基本原理

1. 可知性原理

预测活动是对事物的未来运动、变化和发展趋势作出预见和判断，就必须以唯物辩证法为理论基础。人们对客观事物规律性的认识是不可能一次完成的，但通过实践、认识、再实践、再认识这个无限反复的过程，不断发现和认识真理，揭示客观事物发展变化的规律性。

2. 延续性原理

任何事物发展的各个阶段都具有一定的连续性，现在情况是由过去演变的，今后的情况又是现在顺势发展的一个结果，因此可以依据其过去和现在的延伸，推及未来。时间序列分析预测法就是根据这一原理建立起来的预测方法。

3. 类推性原理

经济事件的发展存在着相似性或类推性，当人们掌握了某一类经济事件的发展变化规律后，当再观察到类似的征兆时，就可以根据已往经验推断其发展变化规律，借以预测未来。市场景气预测法、产品生命周期预测法均基于本原理。

4. 相关性原理

事物是普遍联系的，事物的发展变化是一系列因素相互作用产生的结果，而这些因素都是相互联系、相互依存、相互制约的，存在着一定的因果关系，因而人们能够根据某一或某些事物的变化，推测出另一事物所产生的相应变化。相关分析和回归分析就是根据这一原理建立起来的预测法。

在进行市场预测时，必须以准确可靠的历史统计资料和现实的市场调查资料为依据，根据经济学和市场营销的相关原理，进行系统全面的分析。掌握预测对象的特点及各种影响因素之间的内在联系，选用适当的预测方法，才可能使预测结果更加科学。

二、市场预测的步骤

1. 确定预测目标

预测工作的第一个程序是明确预测目标，通过预测要解决什么问题，进而明确规定预测目标、预测期限和预测目标的数量单位。预测目标要避免空泛、要明确具体，如确定是对某一种产品或几种产品销售量的短期预测，还是中、长期预测。

2. 收集与分析历史与现实数据资料

预测的数据资料依据就是市场调查中直接情报信息和间接情报信息。资料的收集一定要注意广泛性、适用性和可靠性。资料收集得不全面、不系统，将严重影响预测质量。

3. 选择预测方法，拟定预测模型，进行预测

在预测时，应根据预测目标和占有的信息资料，选择适当的预测方法和预测模型进行预测。预测方法不同，预测结果也就不一样。预测方法和预测模型的选择，还要考虑预测费用的多少和对预测精度的要求。按照选定的预测方法所得出的预测结果，一定要尽量接近于客观事物的实际情况，有时还可以把几种预测方法结合起来使用，互相验证。一般来讲，对定量预测可以建立数学模型；对定性预测可以建立逻辑思维模型，然后选择适当预测方法进行预测模型计算和估计。

4. 确定预测结果

将预测中发现的一些与过去不同的新因素（内部和外部的）尽

量转化为数量概念，并分析这些因素的影响范围和影响程度。同时，分析出预测与实际可能产生的误差，误差的大小及其原因；判断评价预测值的合理性，修订预测数量，确定预测结果。无论是定量预测还是定性预测都是在一定假设条件下进行的，因此预测得出的数量不可能完全准确及全面。

三、市场预测的方法

市场预测包括质和量的分析预测方法。质的分析预测方法，又称判断分析法，是从事物的质的规定性方法去分析判断，作出预测。量的分析预测方法，是在认识事物质的规定性基础上，依据数据资料建立数学模型的描述，从而作出预测。由于创业企业的资源有限，通常不能支撑进行大规模的市场调研获取全面的一手数据；且创业企业所占的市场份额较少，或者处于一个新兴的市场，因此较为普遍的预测方法是收集二手资料，开展必要的调研，获取市场的基本数据，以定性和定量分析结合进行预测。

质的分析方法包括集合意见法、头脑风暴法、德尔菲法等，主要根据经营者的实践经验和判断分析能力，对市场的发展变化趋势作出判断和估计。量的分析预测方法分为时间序列分析预测法和因果关系分析预测法。这里简单介绍时间序列分析预测法和因果关系分析预测法。

1. 时间序列分析预测法

时间序列分析预测法的应用是以假设事物过去和现在的发展变化规律会延伸到未来为前提，直接从时间序列统计数据中寻找事物发展的演变规律，建立模型，据此预测未来。时间序列分析预测法在实际中经常被采用，常用的方法有平均数法、移动平均法、指数平滑法、季节指数法、趋势延伸法等。

一般说来，该方法比较适合用于短期和近期的市场预测。做长期的市场预测则需要考虑得更周到，只有市场现象在中长期内发展变化的规律与其过去和现在基本一致，或对预测事物的新特点能够确定的条件下才能使用，否则预测值可能会偏离实际值较大。

2. 因果关系分析预测法

因果关系分析预测法是从事物变化的因果关系出发，寻找市场发展变化的原因，分析原因与结果之间的关联结构，建立数学模型进行预测。该方法需要的数据资料比较完整、系统，建立模型要求具有一定的数量统计知识，最常用的有回归分析预测法和计量经济分析法。

四、市场需求的预测

市场需求预测是一个产品在一定的地理区域和一定的时间内，在一定的营销环境和营销方案下，由特定的顾客群体愿意购买且能够支付的总数量构成。它包括需求量的预测和需求商品的品种、规格、型号、款式、质量、包装、品牌、需要时间等变化趋势的预测。创业企业需要搞清总市场潜量、区域市场潜量、实际销售额和市场份额。

1. 总市场潜量

总市场潜量是在一定时间内，在一定的行业营销强度和一定的环境下，行业所有公司所能获得的最大销量。常用的估计方法是：估计潜在的购买者数量乘以单个购买者的平均购买数量，再乘以单位价格。该方法的改进是连比法，它由一个基本数乘以几个反映影响因素的修正因子组成。

2. 区域市场潜量

创业企业初期一般针对条件成熟的区域进行销售，因此，需要估计特定省份、地区、城市的市场潜量。主要包括两种方法：一种是主要由为企业服务的公司所采用的市场组合法；另一种是主要由为消费者服务的企业所采用的多因素指数法。

（1）市场组合法

市场组合法要求辨别在每一个市场上的所有潜在购买者，并且对他们的潜在购买量进行估计，通常采用列出清单、逐个预测，然后汇总的方法。

（2）多因素指数法

创业企业在估计区域市场潜量时不可能把所有的潜在消费者都列出来，最常用的方法是简单指数法。例如，药品的市场潜量直接与人口有关，河南省人口占全国人口的1/13，药品制造商可以假设河南省的市场是全国销售市场的1/13。然而，单一因素很难完全反映和决定销售机会。一个区域的药品销售量还受到个人收入、区域壁垒以及销售渠道的影响。因此，需要使用多因素指数法，对每个因素赋予权数。

3. 实际销售额和市场份额

除了估计总市场潜量、区域总量外，创业企业还需了解市场的实际行业销售额，这就需要辨认其竞争对手并估计竞争者的市场份额，从而确定自己的市场份额。

在市场调查过程中，行业协会虽然对各公司的销售量并不一一列出，但它经常收集和公布行业的销售额。企业可以利用这个渠道估算自己在本行业中的市场份额。另一种方法是向审计总销售量和品牌销售量的营销调研公司购买报告，获取总品种的销售额和品牌销售额。同时，还可以纵向比较自己的市场占有率，考察企业市场份额的得失。此外，市场占有率直接反映了企业在本行业中的竞争地位，根据市场占有率不同，可以将企业分为市场领跑者、市场挑战者、市场追随者和市场补缺者四类，据此采用相应的营销策略。

五、市场供给的预测

市场供给是指在一段时间内可以投放市场以供出售的商品资源。来源包括企业生产、进口和国家储备等。市场供给预测是对进入市场的商品资源总量及其构成和各种具体商品市场供给变化趋势的预测。它同市场需求预测结合，可以预见未来市场的供求变化趋势，从而确定创业企业的投资规模、建设进度以及生产计划。

预测市场供给的发展及其变化趋势，包括以下方面：

1. 搜集历史资料和数据，了解有关产品历年的产值、产量、成本、销售收入和利润等情况。

2. 了解同类产品现有生产企业的数量、生产能力、原料供应、生产设备、生产技术和产品质量的现状，各项经济指标在行业的水平。

3. 了解生产企业的设备更新、技术引进以及近期挖潜、革新、改造的措施和基建规划，并在预测生产结构组成的基础上，分析各种产品在预测期内可能提供商品资源的企业及其生产能力，已有产品的数量、质量、品种、规格等发展变化，新产品的生产发展趋势，生产技术、原材料和能耗、成本和价格等的变化，产品销售的竞争能力及市场需求动向等，进而测算出商品资源量、满足市场需求的程度及其发展趋势。

商品供给的预测，要重视相关性商品的相互变化和新产品销售与需求的预测，如替代性商品 MP3、MP4、CD 机之间的数量比例变化。随着科学技术的进步，新技术、新工艺、新材料的不断涌现，新产品生产时间短、速度快，生命周期也越来越短，适时、适式、流行性商品将会刺激需求，吸引顾客。如果不了解市场商品资源和销售变化的形势，就可能坐失市场机会，或者产品滞销，给企业的经营带来危机。

因此，摸清商品资源，预测出各种产品的技术趋势和产能，才能结合市场需求的变化，较精确地预测市场供求关系的发展趋势，作出正确的决策。

【延伸阅读】

各种市场预测方法一览表

		简要介绍	适用的预测期范围	需要的数据资料	精确度
定性分析方法	集合意见法	集合企业内部经营管理、销售业务人员意见，作出综合预测	近期、中期	市场的历史销售资料和相关信息	近期极好；中期较好
	市场调研法	有目的、有计划地通过市场调查收集直接信息或者间接信息，经分析判断后采用联测或转导方式作出预测	短期、近期、长期	市场历史发展及现实的情况，如发展速度、消费心理、竞争状况等	短期极好；中期较好
	德尔菲法	对专家小组成员进行匿名函询方式调查，经多轮反馈综合整理，对结果进行统计处理分析，作出预测	长期、中期	背景资料，专家的意见及综合分析资料	较好
	类比法	遵循事物发展相似原则，相互类似的产品或者市场，以已知的类比对象发展过程规律，对预测目标未来发展过程进行对比分析	中期、长期	类比发展过程的历史资料及相关信息	尚好

续表

		简要介绍	适用的预测期范围	需要的数据资料	精确度
定量分析方法	移动平均法	在时间序列中随时推进连续地按一定数量相近观察值计算平均数，消除季节性和不规则性变动，据此建立预测	短期、近期	预测目标历史资料，数据越多越好，最低要求5～10个	尚好
	指数平滑法	考虑时间序列数据中远近期作用不同，给予等比递减的权数，移动求加权平均数为指数平滑值，据此建立预测模型	短期、近期	预测目标历史资料，数据越多越好，最低要求2/a～1个（a为平滑常数）	较好
	趋势延伸法	运用一个数学议程拟合时间序列烽据发展变化趋势曲线，然后用这个议程外推作出预测	近期、中期	预测目标历史数据，至少要有5个观察期数	近期很好；中期较好
	回归分析法	—	近期、中期、长期	—	很好
	经济计量模型	—	近期、中期、长期	—	近期、中期很好；长期较好

来源：简明，胡玉立．市场预测与管理决策．北京：中国人民大学出版社，2010

第二节 生产经营能力预测

一、生产经营能力的组成

任何企业要从事生产经营活动，完成和实现其经营目标，就必须具备生产经营的基本要素：人力、物力、财力。这三要素要根据一定比例，按照经营的要求科学地组合，才能使企业中各要素的能力和水平得以充分发挥，从而形成企业的生产经营能力。一般由三个部分组成：一是研究发展能力；二是营运能力；三是销售能力。

1. 研究发展能力

研究发展能力是企业管理人员通过企业经营与环境变动关系的历史考察、现状分析和发展趋势预测，制定的企业经营目标和达到目标手段的能力。它主要包括：市场调查与研究、科技发展趋势研究、新产品开发；企业规模、组织机构的研究；信息接受与判断能力、目标选择能力、管理改革和创新研究能力以及企业发展水平研究等内容。

2. 营运能力

营运是企业运用各种内外部资源从事经营活动的全过程，也是企业向决策目标方向发展的实现过程。企业的营运能力就是通过对经营要素的总体计划、组织、协调、指挥和控制来实现和完成企业从采购到销售、生产与服务、内部管理与对外公共关系等一系列经营活动，以达到最大效益目标和最高效率的经营能力和水平。其内容主要是对企业经营诸因素，如设备的利用程度，营运人员的技术水平和数量，商品流通组织能力，经营成本、质量、资源的控制与管理能力等。

3. 销售能力

销售能力包括商品创新、推销技术、销售服务等内容。销售是企业经营的中心环节，随着商品供需规模的不断扩大，销售渠道必然要有相应的发展。另外，新的销售观念要求以消费者的需求为中心来组织商品购销活动，以市场为导向来进行生产经营，销售能力将会越来越重要。

对企业生产经营能力的调查分析预测可以对以上三种基本经营能力分别从设备、人力、组织和管理四个角度进行系统分析、预测。根据木桶效应，最弱的一个环节将决定企业的生产经营能力。创业企业可以逐步加强自己的短板，从而提高企业生产经营能力。

二、具体的预测方式

1. 在测定企业经营发展状况时，可把本行业发展速度与本企业发展速度相比较，作为相应发展指数来预测企业总体能力。其计算公式为：

$$相对发展速度=\frac{本企业发展速度}{本行业发展速度}$$

相对发展速度分析的指标可以是销售额、利润、资产等。

2. 在测定企业今后的经营发展能力时，中心内容是了解市场的潜在能力，可通过企业与市场差别来分析。通过对市场和商品的各种差别的调查分析，企业就可以利用差别发现机会，抓住机会。

3. 企业发展的可能性还可以通过相对销售增长率来预测分析。其计算公式为：

$$相对销售增长率=\frac{本企业销售增长率}{本行业销售增长率}$$

【延伸阅读】

预测生产经营能力应关注的几个问题

1. 与一般的企业和最成功的企业相比较，思考本企业是否有可能进一步发挥生产经营能力，找到新的有利机会和发展新业务。

2. 思考企业在经营策略不变的情况下，经营能力是否已经充分发挥。找出提高经营能力的途径，以更好地达到企业目标。

3. 思考如何发挥企业自身的经营能力，着重考虑是否需要改变经营策略，是否开发新的商品市场与经营领域。

资料来源：胡玉立. 市场预测与管理决策. 北京：中国人民大学出版社，2009

第三节　生产计划

生产计划是关于企业生产运作系统总体方面的计划，是企业在计划期应达到的产品品种、质量、产量和产值等生产任务的计划和对产品生产进度的安排。它反映的并非某几个生产岗位或某一条生产线的生产活动，也并非产品生产的细节问题以及一些具体的机器设备、人力和其他生产资源的使用安排问题，而是指导企业计划期生产活动的纲领性方案。创业企业的资源有限，需根据市场需求和供给的预测确定自己的目标市场空间，结合自身的生产经营能力实际，制定生产计划。

生产计划一方面为满足客户要求的三要素（交期、品质、成本）而计划；另一方面又使企业获得适当利益，而对生产的三要素（材料、人员、机器设备）的适切准备、分配及使用。一个优化的生产计划必须具备以下三个特征：

1. 有利于充分利用销售机会，满足市场需求；

2. 有利于充分利用盈利机会，实现生产成本最低化；

3. 有利于充分利用生产资源，最大限度地减少生产资源的闲置和浪费。

一、生产计划的任务

生产计划主要用于物料需求计划的依据，产能需求计划的依据，其他相关计划的制定依据。生产计划的任务包括：

1. 保证按时交货与生产量；
2. 使企业维持同其生产能力相称的工作量（负荷）及适当开工率；
3. 作为物料采购的基准依据；
4. 将重要的产品或物料的库存量维持在适当水平；
5. 对长期的增产计划、作业人员与机械设备补充的安排。

二、生产计划的内容

生产计划应是综合考虑各有关因素的结果，必须是有能力基础的生产计划，计划的详略必须符合活动的内容，计划的下达必须在必要的时期。生产计划包括生产具体产品的名称、生产的数量或重量、各部门生产任务的安排，以及完工的时间和交货的具体时间。

三、生产计划的种类

按不同性质划分，生产计划有各种类型。

划分种类	对象	期间	期别
大日程（长期）长期生产计划	产品群	2～3年	季
年度生产计划	产品群、产品别	1年	月
中日程（中期）3～6月生产计划	产品别	季、半年	周、月
月份生产计划	产品别、零件别	月	日
小日程（短期）周生产计划	产品别、零件别	周	日
日生产计划	产品别、零件别	日	小时

四、生产计划指标

制定生产计划指标是生产计划的重要内容。为了有效全面地指导企业生产计划期的生产活动，生产计划应建立以产品品种、产品质量、产品产量和产品产值的四类指标为主要内容的生产指标体系。

1. 产品品种指标

产品品种指标是指企业在报告期内规定生产产品的名称、型号、规格和种类。它不仅反映企业对社会需求的满足能力，还反映了企业的专业化水平和管理水平。

产品品种指标的确定要先考虑市场需求和企业实力，按产品品种系列平衡法来确定。

2. 产品质量指标

产品质量指标是衡量企业经济状况和技术发展水平的重要指标之一。产品质量受若干个质量控制参数控制。对质量参数的统一规定形成了质量技术标准，包括国际标准、国家标准、部颁标准、企业标准、企业内部标准等。

3. 产品产量指标

产品产量指标是指企业在一定时期内生产的，并符合产品质量要求的实物数量。以实物量计算的产品产量，反映了企业生产的发展水平，是制定和检查产量完成情况、分析各种产品质检比例关系和进行产品平衡分配、计算实物量生产指数的依据。

确定产品产量指标主要采用盈亏平衡法、线性规划法等。

4. 产品产值指标

产品产值指标是用货币表示的产量指标，能综合反映企业生产经营活动成果，以便进行不同行业的比较。根据具体内容和作用不同分为工业总产值、工业商品产值和工业增加值三种形式。

五、编制生产计划的步骤

生产计划的编制必须遵循四个步骤：

1. 收集资料，分项研究。编制生产计划所需的资源信息和生产信息。

2. 拟定优化计划方案统筹安排。初步确定各项生产计划指标，包括产量指标的优选和确定、质量指标的确定、产品品种的合理搭配、产品生产进度的合理安排。

3. 编制计划草案，做好生产计划的平衡工作。主要是生产指标与生产能力的平衡；测算企业主要生产设备和生产面积对生产任务的保证程度；生产任务与劳动力、物资供应、能源、生产技术准备能力之间的平衡；生产指标与资金、成本、利润等指标之间的平衡。

4. 讨论修正与定稿报批通过综合平衡，对计划做适当调整，正确制定各项生产指标。

【延伸阅读】

生产计划的标准

1. 作业计划的标准

作业及加工的场所；作业及加工的种类、顺序；标准工时等。

2. 制程计划、余力计划的标准

作业及加工制程的能力基准；作业及加工制程别的负荷基准。

3. 材料、零件计划的标准

零件构成表及零件表；安排分区、供给分区；批量大小、产出率。

4. 日程计划的标准

基准日程表；加工及装配批量。

5. 拟定库存计划的标准

库存管理分区；订购周期；订购点、订购量；安全库存、最高库存、最低库存。

上述计划标准，每逢变化时，应及时修正并予维持。

第四节　生产作业计划

生产作业计划是生产计划工作的继续，是企业年度生产计划的具体执行计划，是协调企业日常生产活动的中心环节。它根据年度生产计划规定的产品品种、数量及大致的交货期的要求，对每个生产单位，在每个具体时期内的生产任务作出详细规定，使年度生产计划得到落实。与生产计划相比，生产作业计划具有计划期短、计划内容具体、计划单位小三个特点。它的主要任务包括：生产作业准备的检查；制定期量标准；生产能力的细致核算与平衡。

一、生产作业计划的形式

根据企业的具体情况，生产作业计划有厂部、车间和工段（班、组）三级作业计划形式。厂部生产作业计划由企业生产管理部门负责编制，确定各车间的月度生产任务和进度计划；车间级生产作业计划由车间计划调度室负责编制；工段级生产作业计划由工段计划调度员负责编制，分别确定工段（班、组）或工作地月度、旬（或周）以及昼夜轮班的生产作业计划。

二、编制生产作业计划的信息资料

生产作业计划的编制需要详尽的资料，主要有：总体（中期）计划和订货情况变化；前期生产作业计划完成情况；成品和外购件的库存；设备状况和维修计划；产品制造等技术文件；生产能力和劳动力的负荷；原材料能源等的供应；成本、费用核算资料以及技术组织措施安排等。

三、生产作业计划的作用

1. 生产作业计划是建立企业正常生产秩序和管理秩序，提高经济效益的一项重要手段。

（1）有助于实现工人心中有数，管理人员的日常管理有序；

（2）保证了各部门和车间之间的衔接配合；

（3）及时检查和解决生产中遇到的问题，保证了生产任务的完成。

2. 生产作业计划起着具体落实生产计划的作用，在空间上、时间上、计划单位上细分生产任务。

3. 平衡测算更细致，有利于充分利用生产能力。

4. 是企业计划管理的重要环节，确保了企业年度经营计划的顺利实现。

5. 是规定全体职工奋斗目标，调动职工积极性的重要手段。

6. 有利于实现均衡生产。

【延伸阅读】

企业资源计划（ERP）系统的管理思想

ERP是英文Enterprise Resource Planning（企业资源计划）的简写。是指建立在信息技术基础上，以系统化的管理思想，为企业决策层及员工提供决策运行手段的管理平台。ERP系统集中信息技术与先进的管理思想于一身，成为现代企业的运行模式，反映时代对企业合理调配资源、最大化地创造社会财富的要求，成为企业在信息时代生存、发展的基石。

ERP的核心管理思想就是实现对整个供应链的有效管理，主要体现在以下三个方面：

1. 体现对整个供应链资源进行管理的思想

在知识经济时代仅靠自己企业的资源不可能有效地参与市场竞争，还必须把经营过程中的有关各方如供应商、制造工厂、分销网络、客户等纳入一个紧密的供应链中，才能有效地安排企业的产、供、销活动，满足企业利用全社会一切市场资源快速高效地进行生产经营的需求，以期进一步提高效率和在市场上获得竞争优势。换句话说，现代企业竞争不是单一企业与单一企业间的竞争，而是一个企业供应链与另一个企业供应链之间的竞争。ERP系统实现了对整个企业供应链的管理，适应了企业在知识经济时代市场竞争的需要。

2. 体现精益生产、同步工程和敏捷制造的思想

ERP系统支持对混合型生产方式的管理，其管理思想表现在两个方面：其一是“精益生产LP（Lean Production）”的思想，它是由美国麻省理工学院（MIT）提出的一种企业经营战略体系。即企

业按大批量生产方式组织生产时，把客户、销售代理商、供应商、协作单位纳入生产体系，企业同其销售代理、客户和供应商的关系，已不再简单地是业务往来关系，而是利益共享的合作伙伴关系，这种合作伙伴关系组成了一个企业的供应链，这即是精益生产的核心思想。其二是“敏捷制造（Agile Manufacturing）”的思想。当市场发生变化，企业遇有特定的市场和产品需求时，企业的基本合作伙伴不一定能满足新产品开发生产的要求，这时，企业会组织一个由特定的供应商和销售渠道组成的短期或一次性供应链，形成“虚拟工厂”，把供应和协作单位看成是企业的一个组成部分，运用“同步工程（Simultaneous Engineering）”，组织生产，用最短的时间将新产品打入市场，时刻保持产品的高质量、多样化和灵活性，这即是“敏捷制造”的核心思想。

3. 体现事先计划与事中控制的思想

ERP 系统中的计划体系主要包括：主生产计划、物料需求计划、能力计划、采购计划、销售执行计划、利润计划、财务预算和人力资源计划等，而且这些计划功能与价值控制功能已完全集成到整个供应链系统中。

另一方面，ERP 系统通过定义事务处理相关的会计核算科目与核算方式，以便在事务处理发生的同时自动生成会计核算分录，保证了资金流与物流的同步记录和数据的一致性。从而实现了根据财务资金现状，可以追溯资金的来龙去脉，并进一步追溯所发生的相关业务活动，改变了资金信息滞后于物料信息的状况，便于实现事中控制和实时做出决策。

此外，计划、事务处理、控制与决策功能都在整个供应链的业务处理流程中实现，要求在每个流程业务处理过程中最大限度地发挥每个人的工作潜能与责任心，流程与流程之间则强调人与人之间的合作精神，以便在有机组织中充分发挥每个人的主观能动性与潜能。实现企业管理从“高耸式”组织结构向“扁平式”组织机构的转变，提高企业对市场动态变化的响应速度。

本章小结

创业的知识准备	
市场预测的步骤	•
市场预测的方法	•
生产经营能力的组成	•
生产计划的内容	•
生产作业计划的内容	•

课后思考题

根据本章所讲的内容回答下面两个问题：

（1）虚拟一个熟悉行业的创业企业，利用市场预测的相关知识分析并列出预测企业目标市场的市场潜量和市场份额的思路和步骤。

（2）举例说明如何制作一个详细的生产计划。

实训题

请根据企业在不同时期的内外部资源情况，预测企业的生产经营能力。

第二章

巧妇难为无米之炊：物流与采购

学习目标：

通过本章的学习，你将能够了解：

物流的相关概念

供应链管理的基本内容

如何控制采购成本

采购合同管理的程序

物流是经济领域里的黑暗大陆。

——彼得·德鲁克

第一节 物流的相关概念

现代物流是用科学技术和管理方法，完成货物位移的活动。物流作为企业与企业、企业与消费者之间实现商品交换的途径，其重要性不言而喻。创业企业在原材料采购、生产运作、销售时如何配置物流资源，进行物流管理，实现低成本物流，是绝大多数创业者需要深入了解的问题。

一、物流的概念

物流的本意是指克服时空差异，连接供给和消费，并实现物的价值的经济活动。现代物流包括运输、仓储、包装、装卸、流通加工、配送、信息服务等经济活动。它强调各种仓储、运输方式的系统集成，打破了运输环节独立于生产环节之外的行业界限，突出了客户化服务的内容。其核心是企业内部、企业间、企业周边环境的信息、商务、物资流动的结合，有效地组织管理以及外部客户化的服务体系。

目前较比受推崇的是第三方物流与第N方物流。一种解释是货物买卖当事人之外的第三方完成物流活动；另一种解释是物流交易当事人之外的第三方完成物流活动。它有助于服务对象降低库存、减少成本，呈现出蓬勃的生命力，是物流专业化的主要形式。

二、企业物流

企业物流是物流活动但不属于物流产业，包括企业生产物流、企业供应物流、企业销售物流、企业回收物流和企业废弃物物流。

1. 企业生产物流

企业生产物流是指企业在市场过程中的物流活动。这种物流活动是伴随整个生产工艺过程产生的，实际上是生产工艺过程的一部分。企业生产物流的过程大体为：从企业仓库或公司的“大门”开始，原材料、零件、燃料等进入生产线的开始端，然后随生产加工过程流入各环节，在流入的过程中对原材料、零部件、燃料等进行加工，同时产生一些废料和余料，直到生产加工结束，在运输到生产成品仓库，便完成了企业生产物流的过程。

人们往往注重生产加工的各个过程，忽视各过程的相互衔接，使得一个生产周期内物流活动所用的时间远多于实际加工的时间。如果将各生产加工过程很好地衔接在一起，企业可以大大缩减生产周期，节约成本。

2. 企业供应物流

企业供应物流是指企业根据自身生产节奏，不断组织原材料、零部件、燃料、辅助材料供应的物流活动。这种物流活动对企业生产的正常和高效运行起着重大作用。企业供应物流必须解决供应网络、供应方式、零库存等问题。

3. 企业销售物流

企业销售物流是指企业为保证自身的经营效益，通过销售活动将产品所有权转给消费者的物流活动。在现代社会，由于市场是一个买方市场，因此销售物流活动带有极强的服务性，以满足买方需求为目的。由于销售往往要送达用户并经过售后服务才算终止，因此销售物流的时间和空间幅度很大，这就是销售物流的难度所在。在企业销售物流活动中，需要搞清送货方式、包装水平、运输路线、运输时间等，并采取各种特殊的物流方式（如少批量、多批次、定时、定量配送等）达到目的。

4. 企业回收物流

企业在生产、供应、销售活动中会产生各种余料和废料，回收这些会产生相应的物流活动。如果回收物流处理不当，往往会影响整个生产环境，甚至影响产品的质量，或占用储存空间，造成浪费。

5. 企业废弃物物流

企业废弃物物流是指将经济活动中失去原有使用价值的物品，根据实际进行收集、分类、加工、包装、搬运、储存等，并分送给专门处理场所，从而形成的物流实体流动。

三、物流活动的构成要素

在企业的生产经营过程中，物流通过实现原材料、在制品、半成品、产成品等物的流动，成为满足客户需求的基础性物流活动。

一般来讲，物流活动的构成要素主要包括以下六个方面。

1. 运输

运输是物流各环节中最重要的部分，也是物流的关键。运输方式分为公路运输、铁路运输、水路运输、航空运输、管道运输等。运输可以划分为两个段：一段是从产地到流通据点的运输，此段的批量比较大，品种比较单一，运距比较长；另一段流通据点到用户的运输，一般称为“配送”，是根据用户的要求，将各类商品按不同类别、不同方向、不同时间和不同用户进行分类、拣选、组配、装箱，按用户要求的品种、数量配齐后送至用户，其实质在于按时按量的“配齐”和“送达”。

2. 保管

保管是物流各大环节中十分重要的组成部分。它是在产品离开生产线到最终消费之前期间的存放、保养、维护和管理的过程，也是克服季节性与时间性间隔、创造时间效益的活动。

在现代经济社会，仓库大都升级成为物流中心、配送中心、物流据点和流通中心。生产企业可以从仓库了解到自己的产品流转速度和周转率，从中得出商品畅销和滞销情况，由此帮助决策该生产什么产品、不该生产什么产品等。把保管作为信息源，根据保管的各种数据决定生产和促进销售。

3. 包装

包装是为在流通过程中为保护产品、方便储运、促进销售，按一定技术采用的容器、材料及辅助物等的总体名称。也指为了达到上述目的而采用容器、材料和辅助物的过程中施加一定技术方法等的操作活动。

包装与物流有直接的关系，这种包装称为工业包装，也称运输包装或外包装。运输包装是以满足运输储存要求为主要目的的包装，具有保障产品的安全，方便储运装卸，加速交接、点验等作用。与商品零售有关的包装称为商品包装或零售包装、消费者包装。销售包装又称内包装，是直接接触商品进入零售网点同消费者或用户直接见面的包装。

4. 装卸搬运

装卸搬运是物流各环节连接成一体的接口，是运输、保管、包装等物流作业得以实现的根本保证。其质量和效率直接关系到整个物流系统的质量和效率，又是缩短物流移动时间、节约流通费用的主要组成部分。

5. 流通加工

流通加工是产品从生产到消费的加工活动或者初加工活动，是社会化分工、专业化生产的新形式，是使物品发生物理性变化的物流方式。通过流通加工，企业可以节约材料，节约装卸和运输成本，提高供货质量，更好地服务用户。

6. 信息

物流信息是连接运输、保管、装卸、包装各环节的纽带。从生产到消费，产品的运输数量和品种、库存数量和品种、装卸速度、包装形态和破损率等信息都是物流活动质量和效率的依据，全面准确地掌握物流各环节的信息，是做好物流管理的前提。企业应不断地收集、筛选、加工、研究、分析各类信息，并以此为依据判断生产和销售方向，制定企业经营战略。

【延伸阅读】

我国物流业的发展状况

电子商务和信息技术的发展，供应链得到完善和优化，物流成为产业发展的主流趋势。物流存在于所有生产和商贸企业，比如仓库管理和运输管理都是必须的。随着产业链和供应链的优化，需要把物流相关作业系统独立出来，交给专业的运营公司，以最大限度降低物流和仓储成本，从而减少运营成本，提高市场竞争力和响应速度，从而在市场上占主动权。我国正处于物流业发展的黄金时期。

物流业的发展很多从国际货代做起，大部分的进出口运输依赖于海运，有巨大的市场空间。物流配送中心主要面向大型的超市连锁型企业，但是很多大型商家却有能力自己配备物流系统和专管部门，而国内大部分的小型连锁企业却缺乏物流优化意识，他们唯一的思路就是模仿和参考其他同行。物流园区的仓储和中转为各个地方的货物输送提供便利场所，目前很多在筹建和发展中。机场和邮电系统对自动化物流系统要求更高，机场需要对行李实现自动道口分拣输送，邮电系统更需要在最短的时间内把上千万封的信件根据目的地自动分拣，才能实现快速的高效率服务。

物流从最初的汽车、火车托运，到现在的第三方物流集团，模式差距很远。最传统的只要手工就能处理；随着规模扩大，则需要借助信息技术实行办公自动化的作业管理。最后发展为高度智能化的自动立体仓库、自动分拣系统、自动 AVG 小车等。当物流公司的业务规模还没达到需要全自动化的处理要求时，为了提高物流运营效率和成本，需要考虑折中的处理方式，即不能投入大量资金建自动化仓储系统，也不能靠传统的手工作业。则需要借助投入相对小的信息系统，结合人工作业实现快速出入库、快速出单和结算汇总，这样能满足更多中小企业的物流需求，而且市场空间也是不可限量的。虽然没有自动化系统效率高，但是操作灵活，覆盖面很广，能提供更多的个性化服务，完全可以实现多做单多赢利的效果。

目前全国能实现自动化立体仓库的只有一百多家，但是更多的企业需要相应的个性化物流服务，要求量小且调度灵活的物流操作。半人工作业的物流模式能解决多人就业，也有存在发展的必然。但是，自动化物流系统是提高竞争力和走向世界所必须考虑的，目前很多靠引进国外技术，价格相对昂贵。其实，很多层面上中国现有的技术也是可以解决的，比如自动分拣系统，只要把现有的信息处理结合自动化处理设备就可以实现，而自动化处理设备靠的是单片机控制和检测技术，这些目前国内已经具备，只要两者结合就能完全实现自动化分拣系统，则能满足物流业对分拣处理的迫切需要。即使是煤炭分拣也一样可以处理，通过信息系统识别发运地和煤炭类别，结合机械控制技术就能实现分拣传送。

第二节 物流运作管理

一、运输与配送管理

1. 运输方式的特点

运输方式可以分为公路运输、铁路运输、水路运输、航空运输、管道运输等。各种运输方式成本结构的比较见表2—1。各种运输方式的营运特征见表2—2，表中数据采用打分的方式对各营运特征的优劣进行评价，分值越低表明效果越好。表 2—3 给出了各种运输方式的适用范围。五种基本运输方式可以组成不同的综合运输方式，只有熟知各种运输方式的效能和特点，结合商品的特性、运输条件和市场需求，才能合理地选择和使用各种运输方式，并取得较好的运输效果。

表 2—1 各种运输方式成本结构的比较

运输方式	固定成本	变动成本
铁路	高（车辆及轨道）	低
公路	高（车辆及轨道）	适中（燃料、维修）
水路	适中（船舶、设备等）	低
航空	低（飞机、机场）	高（燃料、维修）
管道	最高（铺设管道）	最低

表 2—2 各种运输方式营运特征比较

营运特征	铁路	公路	海洋	内河	航空	管道
运输能力	2	4	1	3	5	6
运价	2	4	1	3	6	5
速度	3	2	4	5	1	6
连续性	2	3	5	6	4	1
灵活性	3	1	5	4	2	6
可行性	2	1	4	5	3	6
可靠性	3	2	5	4	6	1
频率	4	2	6	5	3	1

表 2—3 各种运输方式的适用范围比较

运输分类	适用范围
公路运输	具有很强的灵活性，主要承担近距离、小批量的货运，可实现“门到门”运输
铁路运输	主要适用于长距离、大数量的货运和没有水运条件地区的货运

续表

运输分类	适用范围
水路运输	承担大数量、长距离的运输，并在内河及沿海担任补充及衔接大批量干线运输
航空运输	主要适用于对实效性要求高的高价值货物运输
管道运输	主要适用于大宗流体货物，如石油、天然气、煤浆等

资料来源：冯耕中，刘伟华．物流与供应链管理．北京：中国人民大学出版社，2010

2. 实现运输合理化的方法

运输合理化的影响因素很多，关键因素有五个，即运输距离、运输环节、运输工具、运输时间和运输费用。

提高运输合理化程度的常见方法有提高运输工具实载率、减少车船空驶和不满载行驶、尽量发展直达运输、实施配载运输、发展先进的运输技术和运输工具等。运输批量越大费率越低，将小批量货物合并成大批量货物进行运输，是降低单位运输成本、实现合理化的主要方法之一。

3. 配送服务的特点与主要流程

配送是在使用各种运输方式的基础上，综合考虑企业的成本、服务水平所拟定的合理的输送模式，它具有以下特点：

（1）配送是分货、配货、送货等活动有机结合的整体，同时还与订货系统紧密联系，其功能是多样化的。

（2）配送的全过程由现代技术和装备提供支持，在规模、水平、效率、速度和质量等方面远远超过以往的送货形式。

（3）配送还是一种专业化的分工方式，是按用户需求进行的商品组配与送货活动，用户处于主导地位，配送企业处于服务地位。

配送的主要流程如图 2—1 所示。

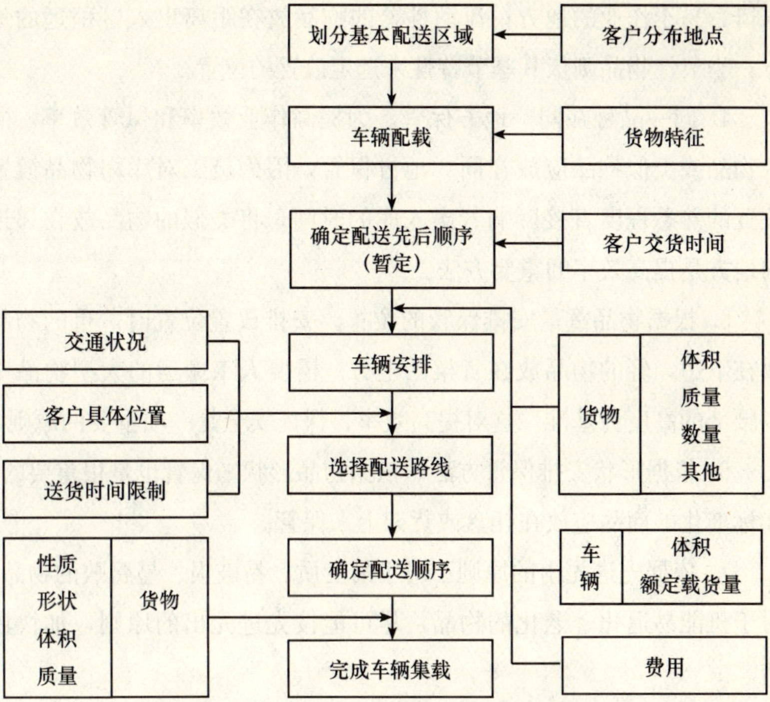

图 2—1 配送的基本作业流程图

二、仓储管理

仓储管理的原则是高效经济，并能确保安全、保证质量。保管的原则有：

1. 面向通道进行保管。为使物品出入库方便，容易移动，基本条件是将物品面向通道保管。

2. 尽可能向高处码放，提高保管效率。有效利用库内容积，应尽量向高处码放。为防止破损，保证安全，应当尽可能使用货架、升降机等保管设备。

3. 根据出库频率选定位置。出货频率高的物品，应放在靠近出入口、易于作业的地方；流动性差的物品放在距离出入口稍远的地方；季节性物品则依其季节特性来选定放置的位置。

4. 同一品种在同一地方保管。为提高作业效率和保管效率，同一物品或类似物品应放在同一地方保管，因为员工对库内物品放置位置的熟悉程度直接影响着出入库的时间，将类似的物品放在邻近的地方是提高效率的重要方法。

5. 根据物品重量安排保管的位置。安排放置位置时，重的物品放在下边，轻的物品放在货架的上方。需要人工搬运的大型物品则以腰部的高度为基准。这对提高效率、保证安全是一项重要的原则。

6. 依据形状安排保管方法。依据物品形状来保管也是很重要的，如标准化的商品应放在托盘或货架上来保管。

7. 依据先进先出的原则。对于易变质、易破损、易腐败的物品；对于机能易退化、老化的物品，尽可能按先进先出的原则，加快周转。

三、其他功能性活动管理

1. 包装

包装管理对于提高运作效率，降低物流成本，减少环境污染都有十分重要的意义，包装管理的要求主要有以下几个方面：

（1）包装管理从源头抓起，从产品设计抓起。传统上在进行产品设计时，往往主要考虑产品的质量、性能、款式、原材料选用、成本、形状、大小以及紧凑性等，不太重视包装的合理性、包装材料的节省性，以及搬动、仓储、运输的方便性和合理性。每个企业、每位产品设计人员都应该认识到物流的重要性，在产品设计阶段充分考虑包装的合理性、包装模具的标准化、包装模具与托盘尺寸的一致性、包装物回收以及资源再生利用等问题。

（2）科学包装和减少浪费。包装是一个巨大的产业，随着经济的发展和销售竞争的激烈化，包装所消耗的资源越来越多，过度包装、浪费等现象十分严重。解决的办法主要是用集装箱、集装罐、集装袋和集装架。

（3）考虑人格因素和环境保护。包装的商品要适合携带、陈列、摆放、拆除，包装要美观、大方、有品位，兼顾装饰性。有的包装设计还要考虑消费者的情感、宗教信仰、民族习俗、消费心理等。

2. 装卸搬运

实现装卸搬运作业合理化，需要做好以下几方面的工作：

（1）防止无效装卸。无效装卸包括过多的装卸次数、过大的包装装卸和无效物品的装卸。

（2）充分利用重力和消除重力影响，进行能耗少的装卸。

（3）充分利用机械，实现“规模装卸”。主要是通过各种集装实现间断装卸时一次操作的最合理装卸量，使单位装卸成本降低，也可通过散装实现连续装卸的规模效益。

3. 流通加工

物流活动中，对是否设置流通加工环节、在什么地点设置、选择什么类型的加工、采用什么样的技术装备等，都需要作出正确的选择。具体内容包括：

（1）加工与生产配套相结合

将流通加工设置在配送点中，一方面按配送的需要进行加工，另一方面加工又是配送业务流程中分货、拣货、配货的一环，加工后的产品直接投入配货业务，无须单独设置加工的中间环节，使流通加工区别于独立的生产，可使配送服务水平大大提高。

（2）加工与生产要素相结合

有些商品在交付时，需要配套相关的设施设备，这些配套设施设备来自商品的生产企业。但是，有时生产企业无法提供相应的配套设施，此时适当的流通加工能够有效地满足商品的配套需求，提高流通的效率。

4. 物流信息管理

在物流信息管理过程中，通过对涉及信息活动的各种要素进行管理，可以实现资源的有效配置。由于物流信息具有范围广、跨地域、随时间变化快的特点，而且不同的用户对信息的要求也不同，因此要保证信息的搜集、整理和加工过程中，尤其要注意避免信息的缺损、失真和失效，以保证信息的及时、准确和全面。除了技术保障，实现对信息的有效管理还需要强化管理物流信息活动过程的组织和控制，建立有效的管理机制。

案例 2—1　　物联网概念创造神话

2009 年物联网概念在股市受到资金追捧，与物联网相关的企业（如与芯片设计、感应器、射频识别等相关的企业）股票连续多日涨停。物联网这个往日生僻的概念名称一时间变得众人皆知，但是很多人并不知晓物联网的内涵。

物联网（internet of things，IOT）是“传感网”在国际上的通称。通俗地讲，物联网是万物都可以上网，物体通过装入射频识别设备、红外感应器、全球定位系统或其他方式进行连接，然后接入互联网或者移动通信网络，最终形成智能网络，通过计算机或手机实现对物体的智能化管理。

此前，美国 IBM 公司提出“智慧的地球（smarter planet）”战略，日本和韩国分别提出了“无处不在的日本”（ubiquitous Japan，U-Japan）和“无所不在的韩国”（ubiquitous Korea，U-

Korea）战略。

物联网产业链可以细分为标识、感知、处理和信息传递四个环节，各环节的关键技术分别为 RFID、传感器、智能芯片和电信运营商的无线传输网络。根据业内人士初步统计，中国物联网产业链 2009 年能创造 1 000 亿元左右的产值。

分析机构预测，未来物联网的发展将经历四个阶段，即：2010 年之前 RFID 广泛应用于物流、零售和制药领域，2010—2015 年物体互联，2015—2020 年物体进入半智能化，2020 年以后物体进入全智能化，物联网的经济效益在短期内难以完全体现。

资料来源：周玲．物联网概念创造神话．东方早报．2009—09—18

第三节 供应链管理

一、供应链

1. 供应链的概念

供应链是指产品生产和流通过程中所涉及的原材料供应商、生产商、分销商、零售商以及最终消费者等成员通过与上游、下游成员的连接组成的网络结构。也即是由物料获取、物料加工，并将成品送到用户手中这一过程所涉及的企业和企业部门组成的一个网络。形象一点，我们可以把供应链描绘成一棵枝叶茂盛的大树：生产企业构成树根；独家代理商则是树干；分销商是树枝和树梢；满树的绿叶红花是最终用户；在根与主干、枝与干的一个个结点，蕴藏着一次次的流通，遍体相通的脉络便是信息管理系统。

2. 供应链的分类

（1）内部供应链

内部供应链是指企业内部产品生产和流通过程中所涉及的采购部门、生产部门、仓储部门、销售部门等组成的供需网络。

（2）外部供应链

外部供应链则是指企业外部的，与企业相关的产品生产和流通过程中涉及的原材料供应商、生产厂商、储运商、零售商以及最终消费者组成的供需网络。

内部供应链和外部供应链共同组成了企业产品从原材料到成品到消费者的供应链。可以说，内部供应链是外部供应链的缩小化。如对于制造厂商，其采购部门就可看做外部供应链中的供应商。它们的区别只在于外部供应链范围大，涉及企业众多，企业间的协调更困难。

3. 供应链的基本结构

一般来说，构成供应链的基本要素包括：

（1）供应商：供应商指给生产厂家提供原材料或零部件的企业。

（2）厂家：厂家即产品制造业。产品生产的最重要环节，负责产品生产、开发和售后服务等。

（3）分销企业：分销企业为实现将产品送到经营地理范围特定地点而设的产品流通代理企业。

（4）零售企业：零售企业将产品销售给消费者的企业。

（5）物流企业：即上述企业之外专门提供物流服务的企业。其中批发、零售、物流业也可以统称为流通业。

二、供应链的四个流程

供应链一般包括物资流通、商业流通、信息流通、资金流通四个流程。四个流程有各自不同的功能和不同的流通方向。

1. 物资流通

这个流程主要是物资（商品）的流通过程，是一个发送货物的程序。该流程的方向是由供货商经由厂家、批发与物流、零售商等指向消费者。

2. 商业流通

这个流程主要是买卖的流通过程，是接受订货、签订合同等的商业流程。该流程的方向是在供货商与消费者之间双向流动的。目前商业流通形式趋于多元化：既有传统的店铺销售、上门销售、电视销售、电话销售、邮购等方式，又有通过互联网等新兴媒体进行购物的电子商务形式。

3. 信息流通

这个流程是商品及交易信息的流程。该流程的方向也是在供货商与消费者之间双向流动的。

4. 资金流通

这个流程就是货币的流通。为了保障企业的正常运作，必须确保资金的及时回收，否则企业就无法建立完善的经营体系。该流程的方向是由消费者经由零售商、批发与物流、厂家等逐层指向上一级，最终指向供货商。

三、供应链的主要活动

根据供应链的概念，它涵盖着从原材料的供应商开始，经过工厂的开发、加工、生产至批发、零售等过程，最后到达用户之间有关最终产品或服务的形成和交付的每一项业务活动。供应链的主要活动包括：

1. 商品的开发和制造。包括商品的规划、设计、商品化；需求预测、生产计划和生产作业计划制定执行；商品生产和质量管理。

2. 商品的配送。包括确保销售途径；按时配送；降低物流成本。

3. 商品的销售和售后服务。保证销售品种齐全、及时补充商品；管理销售数据和销售额；了解问题；确定销售活动方针。

四、供应链管理

供应链管理（SCM）是一种集成的管理思想和方法，它执行供应链中从供应商到最终用户的物流的计划和控制等职能。从单一的企业角度来看，是指企业通过改善上、下游供应链关系，整合和优化供应链中的信息流、物流、资金流，以获得竞争优势。

供应链管理是企业的有效性管理，表现了企业在战略和战术上对企业整个作业流程的优化。整合并优化了供应商、制造商、零售商的业务效率，使商品以正确的数量、正确的品质，在正确的地点、以正确的时间、最佳的成本进行生产和销售。

1. 供应链管理的作用

首先，供应链管理把产品在满足客户需求的过程中对成本有影响的各个成员单位都考虑在内，包括原材料供应商、制造商到仓库，再到配送中心和渠道商。

其次，供应链管理的目的在于追求整个供应链的整体效率和整个系统费用的有效性，总是力图使系统总成本降至最低。因此，供应链管理的重点不在于简单地使某个供应链成员的运输成本达到最小或减少库存，而在于通过采用系统方法来协调供应链成员以使整个供应链总成本最低，使整个供应链系统处于最流畅的运作中。

再次，供应链管理是围绕把供应商、制造商、仓库、配送中心和渠道商有机结合成一体这个问题来展开的，因此它包括企业许多层次上的活动，包括战略层次、战术层次和作业层次等。

有效的供应链管理能够使供应链上的企业获得并保持稳定持久的竞争优势，进而提高供应链的整体竞争力。统计数据显示，供应链管理的有效实施可以使企业总成本下降20%左右，供应链上的节点企业按时交货率提高15%以上，订货到生产的周期缩短20%～30%，供应链上的节点企业生产率增值提高15%以上。

2. 供应链管理基本内容

（1）计划：这是供应链管理的策略性部分。企业需要有一个策略来管理所有的资源，以满足客户对产品的需求。好的计划是建立一系列的方法监控供应链，使它能够有效、低成本地为顾客递送高质量和高价值的产品或服务。

（2）采购：选择能为企业的产品和服务提供货品和服务的供应商，和供应商建立一套定价、配送和付款流程并创设方法监控和改善管理，并把对供应商提供的货品和服务的管理流程结合起来，包括提货、核实货单、转送货物到制造部门并批准对供应商的付款等。

（3）制造：安排生产、测试、打包和准备送货所需的活动，是供应链中测量内容最多的部分，包括质量水平、产品产量和工人的生产效率等的测量。

（4）配送：调整客户的订单收据、建立仓库网络、派递送人员提货并送货到客户手中、建立货品计价系统、接收付款。

（5）退货：这是供应链中的问题处理部分。建立网络，接收客户退回的次品和多余产品，并在客户使用产品出问题时提供支持。

3. 供应链管理的实施步骤

（1）分析市场竞争环境，识别市场机会；

(2) 分析顾客价值；确定竞争战略；

(3) 分析本企业的核心竞争力；

(4) 评估、选择合作伙伴。

4. 供应链合作伙伴的选择

对于供应链中合作伙伴的选择，可以遵循以下原则：合作伙伴必须拥有各自的可资利用的核心竞争力；拥有相同的企业价值观及战略思想。

根据合作伙伴在供应链中的增值作用和竞争实力，把合作伙伴分为两个层次：重要合作伙伴和次要合作伙伴。重要合作伙伴少而精，与企业关系密切；次要合作伙伴相对与企业关系不很密切。供应链合作关系的变化主要影响重要合作伙伴，而对次要合作伙伴的影响较小。

在选择供应商时，一般需要考虑的因素包括产品价格、质量、可靠性、售后服务、地理位置、财务状况、技术能力等，其中供应商的交货提前期、产品质量、交货可靠度和产品价格这四个因素是选择供应商的最关键因素。

(1) 交货提前期：是指企业发出订单到收到订货之间的时间。对于需求方来说，交货提前期越短越好。供应商缩短交货提前期既可以减少需求方的库存总量，又能提高企业对其需求方的反应速度，从而可以提高供应链的客户满意度。

(2) 产品质量：是指合格产品占总产品的比重，该指标值越大越好。

(3) 交货可靠性：是指供应商及时满足企业订单的程度，用及时交货的订单数占总订单数的比例或及时交货的产品数占订货总产品数的比例来表示，该指标值越大越好。交货可靠度和交货提前期是影响供应链敏捷度的两个重要因素。

（4）产品价格：是指企业采购的每一单位产品的价格。在现代供应链管理中，产品价格不再是选择供应商时考虑的首要因素，但仍是选择供应商的重要因素。

合作伙伴综合评价、选择的步骤包括：分析市场竞争环境（需求、必要性）；确立合作伙伴选择目标；制定合作伙伴评价标准；成立评价小组；合作伙伴参与；评价合作伙伴；实施供应链合作关系。

【延伸阅读】

联想全球供应链整合由守转攻①

2001—2003 年，联想人的言谈中常常不经意地流露出对戴尔供应链管理的兴趣，并且从戴尔学到了很多东西。而今天，国际化的联想已经开始以全球视野重新审视自己的供应链系统。

在新联想成立一周年之际，联想高级副总裁、首席运营官刘军披露了联想全新的全球供应链路线图，其主要内容包括优化全球网络设施、建立一个完全由市场驱动的供应链体系、在全球推广联想中国的“双模式”和流程重组等。

这一循序渐进的供应链战略显示，中国将成为联想主要的生产基地，制造供应全球笔记本电脑和台式机半成品；同时，联想将在全球的重点市场设立台式机组装厂，就地交付给顾客。

2005 年 10 月，联想公布了新的组织结构，建立了一个按照职能、地域和“内部顾客”三个维度紧密分工、协调运作的全球供应链体系，总部设在北京，由刘军领导。刘军麾下是一支来自联想、

① 何兵玉．路线图显露雄心：联想全球供应链整合由守转攻．电脑商报．2006—05—08

IBM 个人电脑部门和长城国际的跨文化团队，管理着几乎占联想总员工半数以上的供应链系统。为了更好地服务于主要市场的客户，联想还在欧洲、美洲、新加坡和中国深圳设立供应链据点，在前端为顾客提供商务信息、信息管理和服务。

但是，在 IBM 个人电脑业务并入联想后，由于业务整合的复杂性，联想一度存在比较严重的零部件供应不稳定、缺货等问题。经过半年多的努力，情况已经大为改观。在较短时间内，联想克服了供应短缺和内部整合等带来的困难，Think 业务供应链运行水平稳步回升，甚至超过了从 IBM 分离出来之前的最高水平。

让刘军欣慰的是，从供应链总成本、返修率、平均交付周期等指标来看，联想在国内市场上已经超过了所有的竞争对手。

与联想在中国实行的“双模式”——渠道销售模式与顾客销售模式策略相对应，联想在中国有两类生产线，一类即“大流水线”，一台个人电脑通过不同工序有多人组装，这种模式适合大批量、规模化生产；另一类是对于小批量、多品种的订单，联想采用单元式的生产线，由一位工人从头到尾完成一台个人电脑的组装。

刘军把这两种模式分别比作“长枪”与“短刀”，“该用什么兵器的时候就用什么兵器，灵活而高效。”

第四节 采购管理

采购是指企业在一定的条件下从供应市场获取产品或服务作为企业资源，以保证企业生产及经营活动正常开展的一项企业经营活动，按层次可分为战略采购和日常采购两部分。

战略采购是采购人员根据企业的经营战略需求，制定和执行企业的物料获得的规划，通过内部客户需求分析，外部供应市场、竞争对手、供应基础等分析，在标杆比较的基础上设定物料的长短期采购目标、达成目标所需的采购策略及行动计划，并通过行动的实施寻找到合适的供应资源，满足企业在成本、质量、时间、技术等方面的综合指标。

战略采购计划内容包含采用何种采购技术、与什么样的供应商打交道，建立何种关系，如何培养与建立对企业竞争优势具有贡献的供应商群体，日常采购执行与合同如何确立等。

日常采购是采购人员根据确定的供应协议和条款，以及企业的物料需求时间计划，以采购订单的形式向供应方发出需求信息，并安排和跟踪整个物流过程，确保物料按时到达企业，以支持企业的正常运营。

采购的对象分为直接物料和间接物料，直接物料将用于构成采购企业向其客户提供的产品或服务的全部或部分，间接物料将在企业的内部生产和经营活动中被使用和消耗。

一、采购成本控制

存货的采购成本包括购买价款、相关税费、运输费、装卸费、保险费以及其他可归属于存活采购成本的费用。

1. 降低采购成本的主要方法

根据统计，我们选择美国《财富》200强公司使用最多的成本降低方法简要介绍一下。

（1）Value Engineering（价值工程，VE）

针对产品或服务的功能加以研究，以最低的生命周期成本，透过剔除、简化、变更、替代等方法，来达成降低成本的目的。价值分析使用于新产品工程设计阶段，而价值工程则是针对现有产品的功能/成本，做系统化的研究与分析。现今价值分析与价值工程已被视为同一概念使用。

（2）Negotiation（谈判）

谈判是买卖双方为了各自目标，达成彼此认同的协定过程，这也是采购人员应具备的基本能力。谈判并不只限于价格方面，也适用于某些特定需求时，使用谈判的方式，通常所能期望达到价格降低的幅度约为3%～5%。如果希望达成更大的降幅，则需综合运用价格/成本分析、价值分析与价值工程（VA/VE）等手法。

（3）Target Costing（目标成本法）

管理学大师彼得·德鲁克（Peter F. Drucker）在《企业的五大致命过失》（Five Deadly Business Sins）一文中提到，企业的第三个致命过失是，定价受成本的驱动（cost-driven pricing）。大多数美国公司，以及几乎所有的欧洲公司，都是以成本加上利润率来制定产品的价格。然而，他们刚把产品推向市场，便不得不开始削减价格，重新设计那些花费太大的产品，并承担损失，而且，他们常常因为价格不正确，而不得不放弃一种很好的产品。产品的研发应以市场乐意支付的价格为前提，因此必须假设竞争者产品的上市价，然后再来制定公司产品的价格。由于定价受成本驱动的旧认知模式，使得美国民生电子业几乎不复存在；另外，丰田和日产把德国的豪华型轿车挤出美国市场，便是采用价格引导成本（price-driven costing）的结果。

（4）Early Supplier Involvement（早期供应商参与，ESI）

这是在产品设计初期，选择让具有伙伴关系的供应商参与新产品开发小组。经由早期供应商参与的方式，新产品开发小组对供应商提出性能规格（Performance Specification）的要求，借助供应商的专业知识来达到降低成本的目的。

（5）Leveraging Purchases（杠杆采购）

把各使用单位，或不同部门的需求量集中起来，以扩大采购量，增加议价空间。避免各自采购，造成组织内不同使用单位，向同一个供应商采购相同零件，却价格不同，但彼此并不知的情形，平白丧失节省采购成本的机会。

（6）Design for Purchase（为便利采购而设计，DFP）

自制与外购（make or buy）的策略，在产品的设计阶段，利用协作商的标准制程与技术，以及使用工业标准零件，方便原物料取得的便利性，如此一来，不仅大大减少了自制所需的技术支援，同时也降低了生产所需的成本。

（7）Cost and Price Analysis（价格与成本分析）

这是专业采购的基本工具，了解成本结构的基本要素，对采购者是非常重要的。如果采购时不了解所买物品的成本结构，只知道所买的物品是否为公平合理的价格，会失去许多降低采购成本的机会。

（8）Standardization（标准化）

实施规格的标准化，为不同的产品专案、夹治具或零件使用共通的设计/规格，或降低订制专案的数目，以规模经济量，达到降低制造成本的目的。但这只是标准化的其中一环，组织应扩大标准化的范围至作业程序及流程上，以获得更大的效益。

2. 降低采购成本的策略

（1）采购成本降低受到重视的原因

企业正面临日益激烈的竞争，产品生产周期缩短，消费者的产品需求多样化，以及产品技术层次不断提升，如无法有效地开源，节流则成为企业因应变局的有效方法之一。尤其在采购占平均销售金额比重逐渐增加的趋势下，降低采购成本，是采购人员提供企业附加值最直接的方式。

（2）影响采购成本策略的因素

在拟定采购策略的时候，应同时考虑下列几项采购相关的情况：所采购产品或服务的形态；产品所处的生命周期阶段；年需求量与年采购总金额；与供应商之间的关系。

首先，所采购产品或服务的形态，是属于一次性采购，还是持续性采购。这应是采购最基本的认知，如果采购的形态有所转变，策略也必须跟着调整，持续性采购对成本分析的要求远高于一次性采购，但一次性采购的金额如果相当庞大，也不可忽视其成本节省的效能。

其次，年需求量与年采购总金额各为多少，这关系到在与供应商议价时，是否能得到较好的议价优势。但采购量又与产品所在其生命周期所处的阶段有直接的关系，产品由导入期、成长期到成熟期的过程中，采购量会逐渐放大，直到衰退期出现，采购量才会逐渐缩小。

最后，则是与供应商之间的关系，从卖方、传统的供应商、认可的供应商，到与供应商维持伙伴关系，进而结为策略联盟，对成本资料的分享方式也不同。如果与供应商的关系普通，一般而言，是比较不容易得到详细的成本资料，只有与供应商维持较密切的关系，彼此互信合作时，才有办法做到。

（3）降低采购成本的策略——依产品生命周期来制定

采购项目在其产品生命周期的过程中，可以分为下四个时期，各有其适用的手法。

导入期（Emergence）：在新技术的制样，或产品开发阶段，供应商早期参与、价值分析、目标成本法以及为便利采购而设计都是可以利用的手法。

成长期（Growth）：新技术正式产品化量产上市，且产品被市场广泛接受。采购可以利用需求量大幅成长的优势，进行杠杆采购获得成效。

成熟期（Maturity）：生产或技术达到稳定的阶段，产品已稳定地供应到市场上。价值工程、标准化的动作可以更进一步地找出不必要的成本，并达到节省成本的目的。

衰退期（Decline）：产品或技术即将过时或将衰退，并有替代产品出现，需求量已在缩减之中，此时再大张旗鼓降低采购成本已无太大意义。

（4）降低采购成本的策略——依采购特性及与供应商关系制定

1）影响性较小的采购（Low-Impact Purchase）：影响性较小的采购部分，其金额虽然不高，但是，也必须确认所取得的价格与市场价格比较，是属于公平合理的价格。采购人员切记，勿让花费在价格分析上的成本高于采购的实际金额。

策略：采用快速、低成本的价格分析（Price Analysis）方法，比较分析各供应商报价，比较目录或市场价格，比较过去的采购价格记录，比较类似产品采购的价格。

2）杠杆采购（Leverage Purchase）：杠杆采购指的是长期持续性的随机采购，但却不愿意与供应商维持比较密切的合作关系，这可能是对价格的波动特别敏感，或是产品上市的寿命非常短所导致，使得采购不得不随时寻找价格最低的供应商。因此，采购人员需要花费较多时间来进行价格上的分析。

策略：采用价格分析并以成本分析为辅助工具。进行价值分析，分析供应商提供的成本结构，进行成本估算，计算整体拥有成本。

3）重要计划的采购（Critical Purchase）：重要计划的采购包括

一次性或非经常性的花费，通常其采购金额都相当大，如主要机器设备、资讯系统或厂房设施等。

策略：采用成本分析为主要方法。计算整体拥有成本，分析整个供应链的成本结构。如果重要计划的采购案一旦变成重复性的例行采购，则必须考虑使用策略性采购中所提的方法。

4）策略性采购（Strategic Purchase）：策略性采购代表非常重要的持续性采购案，采购人员较希望与供应商建立长期，或联盟性质的关系。公司应该花较多时间在成本与价格分析上，收到的效益会比较大。

策略：采用成本分析为主要方法。分析供应商伙伴的详细成本资料，并找出可能改善的部分，计算整体拥有成本，分析整个供应链的成本结构，使用目标成本法，让采购或/及供应商早期参与新产品开发。

（5）利用互联网降低采购成本

企业的采购如果管理不善，采购的原料价格过于昂贵或者质量低下，无论在生产过程中如何管理和控制，其产品都将直接受到影响。而采购过程中之所以经常出现问题，是由于过多的人为因素和信息闭塞造成的，通过互联网可以减少人为因素和信息不畅通问题，在最大限度上降低采购成本。

第一，利用互联网可以将采购信息进行整合和处理，统一从供应商订货，以求获得最大折扣。如美国的沃尔玛就是通过其零售管理信息系统将需要采购的信息统一汇集到总部，然后由总部再通过网络统一向供应商批量订购，获得最大限度实惠。

第二，利用互联网将生产信息、库存信息和采购系统连接在一起，可以实现实时订购，企业可以根据需要订购，最大限度降低库存，实现“零库存”管理，这样的好处是，一方面减少资金占用和减少仓储成本，另一方面可以避免价格波动对产品的影响。如美国的戴尔公司通过其灵活的网上采购系统，将其零部件库存时间压缩到一周以内，而其他电脑公司则大多一个月甚至三个月，这对计算机硬件产品价格变动大而且不断下降趋势来说，积压库存意味着你的产品的零部件价格总是比现在价格高，这也是戴尔公司为什么能以比同行低 15%的价格进行优惠销售的重要原因所在。

第三，通过互联网实现库存、订购管理的自动化和科学化，可最大限度减少人为因素的干预，同时能以较高效率进行采购，可以节省大量人力和避免人为因素造成不必要损失。

第四，通过互联网可以与供应商进行信息共享，可以帮助供应商能按照企业生产的需要进行供应，同时又不影响生产和增加库存产品。如美国的波音公司为满足世界各地航空公司对公司零部件的需求，在互联网设立零部件网页，各地用户可以直接通过其网页与零部件供应商直接联系获取支持，这一方面提高了波音公司对用户的服务速度和降低成本，同时用户可以以最快速度获得需要支持，避免过多中间环节，实现零周转。

通过在互联网上发布求购信息和“实时视频会议”系统，可以让全球的供应商报价与竞价，从而选择综合成本最低的供应商。比如一温州个体户，在网上发布了求购鲨鱼皮的消息后，3 天内，就收到了韩国、日本、秘鲁的多家水产商的报价，最低价格到温州为每公斤 50 美元，而当时温州的价格为每公斤 150～200 美元。

利用互联网实现采购成本降低必须注意以下几个问题：

其一，必须与企业的内部经营管理系统，特别是库存系统和生产系统（商业部门是销售系统）进行数据共享，使得采购部门能及时了解并发布订购信息。

其二，企业站点要设立专门网页提供企业需要的产品的种类、型号、数量和供货时间，以及联系方式等。

其三，与少数几家供应商建立长期合作关系，并实现采购信息与供应商共享，加强双方的互惠互利合作，获得长期商业利益。

3. 控制采购成本的方法

(1) 集中采购，实现采购规模优势更大化。

“涨”声一片之中，考虑如何控制采购成本，很容易想到的解决之道是采取集中采购。集中采购的优势在家电行业最为明显。然而，要做到集中采购不是单靠公司采购部一个部门就能够完成的。

以海尔集团为例，电缆是海尔众多产品都要使用的部件，为了做到集中采购，采购部门和产品设计部门通力合作，对空调、洗衣机、电冰箱等产品所用到的电缆统一进行重新设计，能够标准化的标准化，能采用通用部件的尽量使用通用部件。通过这些措施，海尔集团所采购的电缆由原来的几百种减少为十几种。采购产品种类减少，才能顺理成章地实现集中采购。仅此一项改进，就使得海尔集团在电缆采购上节约了大概 20%的成本。

(2) 联合采购利用行业协会公共平台联合抵御风险。

集中采购是企业把采购规模优势更大化的手段。没有多品类的产品线，产品销量没到一定规模，根本不可能实现集中。

某大型集团公司的采购经理讲，“规模的大小直接决定了企业在产业链的话语权，大企业拼命压迫小企业降低价格是采购的普遍现象。”只有实力规模强大的企业才可以采取“大鱼吃小鱼”的采购策略。但中小企业可以考虑组织或加入采购联盟。中小企业如果在原材料采购上联合起来，就可以增加防范风险的能力。一来多家企业联合采购，集小订单成大订单，增强集体的谈判实力，获取采购规模优势，争得和大企业一样的“江湖地位”；二来联合采购的对象是原材料生产企业，这样就可以摆脱代理商的转手成本，通过直接与制造商交易，减少中间层次，大大降低流通成本和保障产品质量。

此外，还包括第三方采购、全球采购和提高产品附加值等方法。

二、采购谈判

采购谈判是指企业为采购商品作为买方，与卖方厂商对购销业务有关事项，如商品的品种、规格、技术标准、质量保证、订购数量、包装要求、售后服务、价格、交货日期与地点、运输方式、付款条件等进行反复磋商，谋求达成协议，建立双方都满意的购销关系。采购谈判的程序可分为计划和准备阶段、开局阶段、正式洽谈阶段和成交阶段。

1. 采购谈判的基本原则

（1）合作原则

量的准则要求所说的话包括交谈所需要的信息，所说的话不应包含超出的信息。

质的准则要求不说自知是虚假的话，不说缺乏足够证据的话。

关系准则要求所说的话内容要关联并切题，不漫无边际地胡说。

方式准则要求清楚明白，避免晦涩、歧义，要简练，井井有条。

（2）礼貌原则

得体准则是指减少表达有损于他人的观点。

慷慨准则是指减少表达利己的观点。

赞誉准则是指减少表达对他人的贬损。

谦逊准则是指减少对自己的表扬。

一致准则是指减少自己与别人在观点上的不一致。

同情准则是指减少自己与他人在感情上的对立。

2. 采购谈判的特点

（1）合作性与冲突性合作性表明双方的利益有共同的一面，冲突性表明双方利益又有分歧的一面。

（2）原则性和可调整性原则性指谈判双方在谈判中最后退让的界限，即谈判的底线。可调整性是指谈判双方在坚持彼此基本原则的基础上可以向对方做出一定让步和妥协的方面。

3. 采购谈判的内容、影响因素和作用

采购谈判的内容包括：货物的数量条件；货物的质量条件；货物的价格条件；货物的交货条件；货款的支付；检验、索赔、不可抗力和仲裁条件。

采购谈判的影响因素包括：①交易内容对双方的重要性；②各方对交易内容和交易条件的满足程度；③竞争状态；④对于商业行情的了解程度；⑤企业的信誉和实力；⑥对谈判时间因素的反应；⑦谈判的艺术和技巧。

采购谈判在采购活动中的作用有：①可以争取降低采购成本；②可以争取保证产品质量；③可以争取采购物资及时送货；④可以争取获得比较优惠的服务项目；⑤可以争取降低采购风险；⑥可以妥善处理纠纷维护双方的效益及正常关系，为以后的继续合作创造条件。

4. 采购谈判的过程

采购谈判的过程可分为三个阶段：谈判前、谈判中和谈判后。

（1）采购谈判前计划的制定

成功的谈判计划包括以下步骤：①确立谈判的具体目标；②分析各方的优势和劣势；③收集相关信息；④认识对方的需要；⑤识别实际问题和情况；⑥为每一个问题设定一个成交位置；⑦开发谈判战备与策略；⑧向其他人员简要介绍谈判内容；⑨谈判预演。

（2）采购谈判过程中的步骤

在谈判过程中，一般分为五个阶段，分别介绍如下：①双方互做介绍，商议谈判议程和程序规则；②探讨谈判所涉及的范围，即双方希望在谈判中解决的事宜；③要谈判成功，双方需要达成一致意见的共同目标；④在可能的情况下，双方需要确定并解决阻碍谈判达成共同目标的分歧；⑤达成协议，谈判结束。

（3）采购谈判后的工作

①起草声明，尽可能清楚地详述双方已经达成一致的内容，并将其呈送到谈判各方以便提出自己的意见并签名；②将达成的协议提交给双方各自的委托人，也就是双方就哪些事项达成协议，从该协议中可以获益什么；③执行协议；④设定专门程序监察协议履行情况，并处理可能会出现的任何问题；⑤在谈判结束后可与对方举行一场宴会，在激烈交锋后，这种方式可以消除谈判过程中的紧张气氛，有利于维持双方的关系。

5. 采购谈判的主要适用场合

（1）采购结构复杂、技术要求严格的成套机器设备，在设计制造、安装试验、成本价格等方面需要通过谈判，进行详细的商讨和比较。

（2）多家供货厂商互相竞争时，通过采购谈判，使渴求成交的个别供货商在价格方面做出较大的让步。

（3）采购商品的供货厂商不多，但企业可以自制，或向国外采购，或可用其他商品代用时，通过谈判做出有利的选择。

（4）需用商品经公开招标，但开标结果不理想，在规格、价格、交货日期、付款条件等方面，没有一家供货商能满足要求，要通过谈判再作决策。

（5）需用商品的原采购合同期满，市场行情有变化，并且采购金额较大时，通过谈判进行有利采购。

【延伸阅读】

提高采购品质的5R原则

1. 适价（Right Price）

价格永远是采购活动中的敏感焦点，企业在采购中最关心的要点之一就是采购能节省多少采购资金，因此采购人员不得不把相当多的时间与精力放在跟供应商的“砍价”上。

2. 适质（Right Quality）

一个不重视品质的企业在今天激烈的市场竞争环境中根本无法立足，一个优秀的采购人员不仅要做一个精明的商人，同时也要在一定程度上扮演管理人员的角色，在日常的采购工作中要安排时间去推动供应商改善、稳定物品品质。

3. 适时（Right Time）

企业已安排好生产计划，若原材料未能如期达到，往往会引起企业内部混乱，比如产生停工待料，如果产品不能按计划出货，会引起客户强烈不满。若原材料提前太多时间买回来放在仓库里等着生产，又会造成库存过多，大量积压采购资金，故采购人员要扮演协调者与监督者的角色，去促使供应商按预定时间交货。对某些企业来讲，交货时机很重要。

4. 适量（Right Quantity）

批量采购虽有可能获得数量折扣，但会积压采购资金，太少又不能满足生产需要，故合理确定采购数量相当关键，一般按经济订购量采购，采购人员不仅要监督供应商准时交货，还要强调按订单数量交货。

5. 适地（Right Place）

天时不如地利，企业往往容易在与距离较近的供应商的合作中取得主动权，创业企业在选择试点供应商时最好选择近距离供应商来实施。近距离供货不仅使得买卖双方沟通更为方便，处理事务更快捷，亦可降低采购物流成本。

第五节　采购合同管理

合同管理是一个系统工程，包括供应商分类、合同起草、合同谈判和合同执行。

一、供应商分类

供应商很多，但不一定每一个都需要签订合同。因为签合同费时费力，要考虑投入产出比。创业企业一般应与作用重要的供应商签订合同。这类供应商要么采购金额大，要么有关键技术，要么竞争对手少。从采购金额上讲，帕累托原则是一个很好的尺度：20%的供应商往往占掉80%左右的采购额，那么这20%的供应商就是签合同的对象。

根据对创业企业的重要性，供应商可分类为战略供应商、优先供应商、待定供应商、消极淘汰供应商、积极淘汰供应商和身份不明供应商。战略供应商和优先供应商是签订合同的重点对象。

二、合同起草

很多企业有标准的采购合同文本。但供应商那么多，情况各异，所以标准文本不能定得太死，要有个浮动范围。可由专人收集以前合同谈判中的例外，以及主要负责人、律师的意见，规定哪些条款变动可以接受，哪些可以谈判，哪些则绝对不能变动。在标准文本的基础上，供应商管理经理可加入与特定供应商有关的内容，这样就产生合同的初版。要注意的是，作为采购方，应尽量用本方的合同文本。

三、合同谈判

合同谈判其实是两部分：对内征得内部意见一致，对外说服供应商。这两部分交替进行，很容易旷日持久。以下几个做法可帮助合同谈判顺利进行。

1. 单页战略总结帮助内部人员达成共识。合同很大，但真正要想达到的目标就那么几个。绝大多数内部人员所关心的也就是那几个目标。可把合同的关键点总结在一页纸上，同时附上供应商的基本信息（例如规模、采购额、采购产品、与本企业的产品的关系、现有合同状况、当前最大的问题等），有助于尽快达成内部共识。这个总结主要用于通过合同初稿。

2. 谈判总结。谈判过程往返很多，变化频频。可维持一个文件，逐点说明我方立场、供应商立场、双方是否达成共识等，并标明时间。这份文件有助于和上级主管层的沟通。因为他们需要知道更详细的内容，以供拍板决策；也可约束供应商，防止他们对已达成共识的内容反悔。

3. 升级渠道。这是为防止内部决策者不及时作出决策或提出反馈意见。有些合同可能涉及产品设计、销售、客户服务、供应管理、律师等多个部门。每一个部门的主管都得同意。升级渠道可详细规定各级主管在多少时间内应作出决策，不然的话应升级到上一级。这样，期望明确，内部客户就会更配合。

四、合同执行

签了合同，并不意味着合同就自动生效、执行。原因往往并不是供应商拒绝执行，而是采购方忽略了某些条款。例如部分折扣，一般是根据对供应商的每年采购额来提成，有时候采购量超过下限但采购方没有去收。年复一年的降价也是如此。有时候到了降价时间但采购方的订单上还是老价钱。这主要原因是采购方缺乏合同管理系统，所以错过一些大的合同里程碑。再就是双方的理解不一样。例如每年的降价定在3月1日生效，供应商的理解是从3月1日起新收到的订单用新价，采购方的理解是3月1日以后收到的产品都用新价。如果一种产品的供货周期是6周的话，这争议就是一个半月的采购量。这些都得在合同中具体说明。

案例2—2　　采购合同范本

甲方（采购方）

甲方名称：

通信地址：

联系人：

电话、传真：

乙方（供应商）

乙方名称：

通信地址：

联系人：

电话、传真：

1. 合同目的

提示：说明甲方向乙方采购何种物品，经双方协商后确定本采购合同。

2. 术语、关键词解释

物品，系指供应商按合同要求，需向采购方提供的一切软件、硬件及相关的技术资料。

服务，系指根据合同，供应商承担与供货有关的辅助服务，比如运输、保险以及其他的伴随服务，比如安装、调试、提供技术援助、培训等。

3. 采购物品说明

3.1 采购物品及说明

3.2 技术指标和质量要求

4. 合同价格和支付方式

4.1 本合同总价格为（人民币大写）：______元。

4.2 预付款。甲方于本合同签署之日起，在15日内，将合同总成交价的20%，即人民币______（元），作为预付款支付给乙方。乙方在收到上述款项后，以传真向甲方确认。如甲方不按上述规定准时支付预付款，则交货期作相应的顺延。

4.3 发货款。乙方按合同规定在发货时，将有关运输提单或自提单、商业发票、装箱单和质量证书，以可靠方式寄递给甲方。甲方收到以上单据的次日起15日内，将合同总成交价的40%，即人民币______（元），作为发货款支付给乙方。乙方在收到上述款项后，以传真向甲方确认。

4.4 验收款。在采购物品通过甲方的验收之后，甲方在15日内，将合同总成交价的40%，即人民币______（元），作为验收款支付给乙方。乙方在收到上述款项后，以传真向甲方确认。

4.5　甲方和乙方应以书面方式相互通知各方的开户银行、账户名称、账号。开户银行、账户名称、账号如有变更，变更一方应在合同规定的相关付款期限前20日内以书面方式通知对方，如未按时通知或通知有误而影响结算者应负逾期付款的责任。

5. 交货与交货方式

5.1　乙方于本合同签署之日起，在30日内，将甲方采购的物品全部送达指定地点。

5.2　乙方应在交货前7日内，以电话或传真向甲方提供交货计划（内容包括合同号、设备名称、型号规格、数量、重量和体积的约数、交货时间、地点、运输安排）。甲方应及时做好准备，办妥一切接货手续，在货物到达后48小时内提运完毕。

5.3　甲方对乙方交付的物品，均应妥善接收并按设备储存的环境条件规定保管。对于因乙方误发、多发或少发的物品，甲方应负责妥善保管，并及时通知乙方查处，由此发生的费用由乙方负担。

5.4　本合同所有物品运抵甲方现场后，双方代表共同参加开箱检验。如设备外包装完好无损，但箱内设备发现短缺或损伤，应由乙方负责补足或修理，其相关费用由乙方负担。

6. 安装、调试与验收

6.1　乙方派遣技术人员按合同规定的日程完成采购物品的安装和调试工作，并对甲方人员进行技术指导，保证使采购物品达到预定的性能指标。

6.2　在安装调试过程中，甲方应提供各种配合条件和所需称职的技术人员和辅助人员，在乙方技术人员的指导下配合乙方进行安装、调试和其他辅助工作。

6.3　乙方安装调试完毕后，甲方组织人员对采购物品进行验收测试，将验收测试情况记录在《采购物品验收报告》中。如果甲方发现存在缺陷，双方应当视问题的严重性给出合适的处理措施。①如果存在严重的缺陷，则退回给乙方。乙方应当给出纠正缺陷，双方协商第二次验收的时间。乙方应当赔偿给甲方造成的损失。②如果存在轻微的缺陷，则乙方应当给出纠正缺陷的措施，双方协商是否需要第二次验收。

6.4　当所有的采购物品都通过甲方的验收后，双方责任人签字认可，采购物品正式交付给甲方。之后，甲方将验收款（见合同条款 4.3）支付给乙方。

7. 品质保证与维护

7.1　乙方保证提供给甲方的“采购物品”是全新的、技术是先进的、质量是良好的、性能是稳定可靠的、数量是完整无缺的。

7.2　乙方承诺质量保证期：采购物品通过验收之日起，系统软硬件保修六个月。本保证不包含由于甲方不当的操作或修理造成的后果。

7.3　在保修期内，乙方负责对其提供的硬件设备、软件和系统进行维护或维修，不收取任何费用。保修期结束后乙方依然负责对所售设备进行维护或维修，其间产生的材料费用由甲方承担。在设备保修期结束后一旦甲方要求进行升级和改造，乙方保证提供相应的服务，此项费用由甲方承担。

7.4　如果采购物品在保修期内出现质量问题，乙方收到甲方维护要求后，在 24 小时内作出响应；遇有严重技术问题，重大故障，需要现场维护，乙方应在 24 小时内到达甲方现场（在交通允许的情况下）。

8. 违约与赔偿

8.1 甲方违约处理：

(1) 如甲方不按照本合同第四条规定准时支付款项时，应从最迟付款日的次日起，每日向乙方偿付逾期付款部分总值的万分之三的违约金。此项违约金额以逾期付款部分总值的5%为限度。

(2) 如因甲方原因致使设备安装顺延，乙方技术人员由此滞留在安装地点的一切费用，均由甲方负责。

8.2　乙方违约处理：

如乙方不按照本合同的规定准时交货，乙方应从最迟交货日的次日起，每日向甲方支付延迟交货部分货款的万分之三的违约金。此项违约金额以逾期移交设备部分货款的总值的5%为限度。

9. 保密

9.1　乙方提供给甲方的技术资料、信息、计算机软件、专有技术、设计方案等知识产权及价格条款等属商业秘密和技术秘密，甲方应采取保密措施，予以严密保守。

9.2　除为了维护操作相关设备而需接触乙方有关技术资料等商业秘密和技术秘密的甲方有关人员外，甲方同意不向其他人员泄露乙方的任何保密信息，如违反本条规定致使乙方遭受损失，甲方应负法律责任，并赔偿由此引起的直接和间接的经济损失。

10. 不可抗力

10.1　不可抗力是指本合同生效后，发生不能预见并且对其发生和后果不能防止或避免的事件，如地震、台风、水灾、火灾、战争等，致使直接影响本合同的履行或不能按约定的条件履行。

10.2　发生不可抗力的一方应立即通知对方，并在15天内提供不可抗力的详情及将有关证明文件送交对方。

10.3 发生不可抗力事件时，甲乙双方应协商以寻找一个合理的解决方法，并尽一切努力减轻不可抗力产生的后果。

10.4 如不可抗力事件持续30日时，甲乙双方应友好协商解决本合同是否继续履行或终止的问题。

11. 合同生效与终止

11.1 本合同双方授权代表签字日期，即为本合同的生效日期。如双方签字日期不一致，以最后签字方的签字日期为合同的生效日期。

11.2 本合同的采购物品最终保证期限届满日期，即为本合同的终止日期。但保密条款、争议解决和双方未了的债权和债务不受合同期满的影响，并且守约方有权提出索赔。

12. 争议解决

12.1 本合同及其修订本的有效性、履行和与本合同及其修订本效力有关的所有事宜，将受中华人民共和国法律管辖，仅适用中华人民共和国法律。

12.2 甲乙双方因合同的解释或履行发生争议时，首先应争取通过友好协商解决，该协商应在30日内解决。

12.3 如协商不能解决时，合同的任何一方可将争议提交本地仲裁委员会，并按该委员会的仲裁规则进行仲裁。仲裁决定对双方都有约束力。

本合同一式____份，甲乙双方各持____份，自合同各方授权代表签字之日起生效。

甲方：　　　　　　　　　　乙方：

签约时间：___年__月__日

本章小结

创业的知识准备	
物流运作管理	•
减低采购成本的策略和方法	•
供应商分类	•
供应链的四个流程	•

课后思考题

根据本章所讲的内容回答下面三个问题：

（1）物流活动的构成要素有哪些，如何实施管理？

（2）你觉得采购谈判应该注意些什么？

（3）供应链管理的实施步骤是什么？

实训题

1. 如果你正准备创业，请列出拟创建的企业可能涉及的物流功能，以及如何实现这些物流功能？

2. 如果企业准备采购一批计算机，如何进行谈判准备？

第三章

留住人才：人事与薪酬

学习目标：

通过本章的学习，你将能够了解：

人才招聘的依据、途径、程序和方法

劳动合同订立的原则

薪酬管理的原则和基本流程

长期激励薪酬的内容

人力成本管控的理念

人才是利润最高的商品，能够经营好人才的企业才是最终的大赢家。

——柳传志

第一节 招聘与培训

一、企业人员招聘

人员招聘是指组织及时寻找、吸引并鼓励符合要求的人，到本组织中任职和工作的过程。人员的招聘，是创业企业经营管理中最关键的一个步骤，因为这一工作的好坏，不仅直接影响到人员配备的其他方面，而且对整个管理过程的进行，乃至整个组织的活动，也都有着极其重要和深远的影响。“得人者昌，失人者亡”这是古今中外都公认的一条组织成功的要诀。

(一) 人员招聘的依据

1. 职位的要求

通常组织结构设计中的职位说明书，对各职位已有了明确的规定。在人员招聘时，可以通过职位分析来确定某一职务的具体要求。职位分析的主要内容有：这个职位是做什么的？应该怎样做？需要什么知识和技能才能胜任？有没有别的方法实现目标？如果有的话，那么新的要求又是什么？

2. 人员的素质和能力

个人的素质与能力是人员选聘时要重点考虑的另一重要标准。应根据不同职位对人员素质的不同要求，来评价和选聘员工。如法约尔就提出作为主管人员，其个人素质应包括以下几个方面：

①身体：健康、精力旺盛、行动敏捷；②智力：理解和学习的能力、判断力、记忆力、头脑灵活、思维敏捷、专注；③道德：有毅力、坚强、勇于负责任、有首创精神、忠诚、有自知之明、自尊；④一般文化：具有不限于从事职能范围的各方面知识，能写会算；⑤专业知识：具有技术或商务、或财务、或管理等专业的职能知识；⑥经验：从业务实践中获得的知识，这是人们自己从行动中吸取的教训的记忆。

除以上六个方面之外，还有一个重要的方面，就是从事工作的欲望，是指人们希望工作的主观要求。

(二) 人员招聘的途径

人员招聘的途径一般有两条：外部招聘、内部转岗和提升。

1. 外部招聘

外部招聘就是组织根据制定的标准和程序，从组织外部选拔符合空缺职位要求的员工。

外部招聘具有以下优势：具备难得的“外部竞争优势”；有利于平息并缓和内部竞争者之间的紧张关系；能够为组织输送新鲜血液。外部招聘也会有很多的局限性，主要表现在：外聘者对组织缺乏深入了解；组织对外聘者缺乏了解；对内部员工积极性造成打击等。

2. 内部转岗和提升

内部转岗和提升是指组织内部成员的能力和素质得到充分确认之后，被调动至更适当的职位或委以比原来责任更大、职位更高的职务，以填补组织中由于发展或其他原因而空缺了的职位。创业企业应优先采用内部提升方式，调动人员积极性，使员工获得满足感，增强忠诚度。

内部提升制度具有以下优点：有利于调动员工的工作积极性；有利于保证选聘工作的正确性；有利于被聘者迅速开展工作。当然，内部提升制度也可能会导致组织内部“近亲繁殖”现象的发生；可能会引起同事之间的矛盾等。

（三）人员招聘的程序和方法

1. 制定并落实招聘计划

当企业出现需要填补的工作职位时，有必要根据职位的类型、数量、时间等要求确定招聘计划，同时成立相应的选聘工作委员会或小组。选聘工作机构可以是组织中现有的人事部门，也可以是代表所有者利益的董事会，或由各方利益代表组成的临时性机构。选聘工作机构要以相应的方式，通过适当的媒介，公布待聘职务的数量、类型以及对候选人的具体要求等信息，向组织内外公开“招聘”，鼓励那些符合条件的候选人积极应聘。

2. 对应聘者进行初选

当应聘者数量很多时，选聘小组需要对每一位应聘者进行初步筛选。内部候选人的初选可以根据以往的人事考评记录来进行；对外部应聘者可通过简短的初步面谈，尽可能多地了解每个申请人的情况，观察他们的兴趣、观点、见解、独创性等，及时排除那些明显不符合基本要求的人。

3. 对初选合格者进行知识与能力的考核

在初选的基础上，需要对余下的应聘者进行材料审查和背景调查，并在确认之后进行细致的测试与评估。

（1）智力与知识测试。该测试是通过考试的方法测评候选人的基本素质，它包括智力测试和知识测试两种基本形式。智力测试的目的是通过候选人对某些问题的回答，测试其思维能力、记忆能力、应变能力和观察分析复杂事物的能力等。知识测试是要了解候选人是否具备待聘职位所要求的基本技术知识和管理知识，缺乏这些基本知识，候选人将无法进行正常工作。

（2）竞聘演讲与答辩。这是对知识与智力测试的一种补充。测试可能不足以完全反映一个人的素质全貌，不能完全表明一个人运用知识和智力的综合能力。发表竞聘演讲，介绍自己任职后的计划和远景，并就选聘工作人员或与会人员的提问进行答辩，可以为候选人提供充分展示才华、自我表现的机会。

（3）案例分析与候选人实际能力考核。在竞聘演说与答辩以后，还需要对每个候选人的实际操作能力进行分析。测试和评估候选人分析问题和解决问题的能力，可借助“情景模拟”或“案例分析”的方法。这种方法是将候选人置于一个模拟的工作情景中，运用各种评价技术来观测考察其工作能力和应变能力，以此判断是否符合某项工作的要求。

4. 选定录用员工

在上述各项工作完成的基础上，需要利用加权的方法，算出每个候选人知识、智力和能力的综合得分，并根据待聘职务的类型和具体要求决定取舍。对于决定录用的人员，应考虑由该职位直线上级再一次面试，并根据工作的实际与聘用者再作一次双向选择，最后决定选用与否。

5. 评价和反馈招聘效果

最后要对整个选聘工作的程序进行全面的检查和评价，并且对录用的员工进行追踪分析，通过对他们的评价检查原有招聘工作的成效，总结招聘过程中的成功与果实，及时反馈到招聘部门，以便改进和修正。

二、企业员工培训

1. 培训的基本原则

（1）理论联系实际、学以致用的原则。员工培训要坚持针对性和实践性，以工作的实际需要为出发点，与职位的特点紧密结合，与培训对象的年龄、知识结构紧密结合。

（2）全员培训与重点提高的原则。有计划有步骤地对在职的各级各类人员进行培训，提高全员素质。同时，应重点培训一批技术骨干、管理骨干，特别是对中高层管理人员。

（3）因材施教的原则。针对每个人员的实际技能、岗位和个人发展意愿等开展员工培训工作，培训方式和方法切合个人的性格特点和学习能力。

（4）讲求实效的原则。效果和质量是员工培训成功与否的关键，必须制定全面周密的培训计划，并采用先进科学的培训方法和手段。

（5）激励的原则。将人员培训与人员任职、晋升、奖惩、工资福利等结合起来，让受训者受到某种程度鼓励，同时应当多关心培训人员的学习、工作和生活。

2. 企业员工培训体系

(1) 培训需求分析与评估，拟定培训计划

首先应当确定培训需求。从自然减员因素、现有岗位的需求量、企业规模扩大的需求量和技术发展的需求量等多个方面对培训需求进行预测。对于一般性的培训活动，需求的预测可以通过以下几种方法进行。

1）业务分析。通过探讨公司未来几年内业务发展方向及变革计划，确定业务重点，并配合公司整体发展策略，运用前瞻性的观点，将新开发的业务，事先纳入培训范畴。

2）组织分析。培训的必要性和适当性，以及组织文化的配合是极其重要的前提，否则培训后，如果造成公司内更大的认知差异，就得不偿失了。其次，对于组织结构、组织目标及组织优劣等也应该加以分析，以确定训练的范围与重点。

3）工作分析。培训的目的之一在于提高工作质量，以工作说明书和工作规范表为依据，确定职位的工作条件、职责及负责人员素质，并界定培训的内涵。

4）调查分析。对各级主管和承办人员进行面谈或者问卷调查，询问其工作需求，并据实说明培训的主题或应强化的能力是什么。

5）绩效考核。合理而公平的绩效考核可以显示员工能力缺陷，在期末绩效考核完成后，反映员工需要改善的计划，能够激发其潜力，因此绩效考核是确定培训需求的重要来源。

6）评价中心。员工提升过程中，为了确保人选的适当性，利用评价中心测定候选人的能力是一种有效的方法，且可以兼而测知员工培训需求的重点。对于特殊性的培训，可以利用自我申请的方式，以符合工作专业的需要和时效。

培训需求反映了员工和企业对培训的期望，但是要将这些需求

转化为计划，还需要对需求进行评估。对培训需求的评估通常要从以下几个方面出发：

1）培训需求是否和企业的战略目标相一致。只有符合企业发展战略目标的培训需求才会得到满足。培训需求至少应当满足知识的传授、技能的培养和态度的转变其中一个或多个目标。

2）培训需求是否和企业文化一致。如果某种培训需求与企业文化相冲突，会造成企业文化的混乱，其结果是得不偿失。

3）培训需求所涉及的员工数目。不同的员工有不同的培训需求，对于企业大多数员工的培训需求，应当放在优先考虑的地位。

4）培训需求对组织目标的重要性。如果通过培训能给组织带来巨大的效益，这样的培训应该得到优先满足。

5）通过培训业务水平可以提高的程度。通过培训业务水平能够得到大幅度提高的需求，应当得到优先满足。

培训需求评估可以界定培训需求是否应当得到满足，将需要按轻重缓急排序，为设计培训体系创造了条件。

（2）建立有效的培训体系

培训体系包括培训机构、培训内容、培训方式、培训对象和培训管理方式等。培训管理包括培训计划、培训执行和培训评估等三个方面。建立有效的培训体系需要对上述几个方面进行优化设计。

1）培训机构。企业培训的机构有两类：外部培训机构和企业内部培训机构。外部机构包括专业培训公司，大学以及跨公司间的合作（即派本公司的员工到其他企业挂职锻炼等）。企业内部培训机构则包括专门的培训实体，或由人力资源部履行其职责。企业根据资金、人员及培训内容等因素，来决定选择外部培训机构还是企业内部培训机构。一般来讲，创业企业或者培训内容比较专业，或者参加培训的人员较少时，可求助于外部咨询机构。

2）培训对象。根据参加培训的人员不同，可分为高层管理人员培训、中层管理人员培训、普通职员培训和工人培训。应根据不同的受训对象，设计相应的培训方式和内容。一般而言，对于高层管理人员应以灌输理念能力为主，参训人数不宜太多，采用短期而密集的方式，运用讨论学习方法；对于中层人员，注重人际交往能力的训练和引导，参训规模可以适当扩大，延长培训时间，采用演讲、讨论及报告等交错的方式，利用互动机会增加学习效果；对于普通的职员和工人培训，需要加强其专业技能的培养，可以大班制的方式执行，长期性的延伸教育，充实员工的基本理念和加强事务操作。

3）培训方式。从培训的方式来看，有职内培训和职外培训，职内教育指工作教导、工作轮调、工作见习和工作指派等方式，职内教育对于提升员工理念、人际交往和专业技术能力方面具有良好的效果。职外教育指专门的培训现场接受履行职务所必要的知识、技能和态度的培训，非在职培训的方法很多，可采用传授知识，发展技能训练以及改变工作态度的培训等。职内教育和职外教育相结合，对不同的培训内容采用不同的方式，灵活进行员工培训。

4）培训的管理非常重要，有效的培训体系需要良好的管理作为保障。培训计划涵盖培训依据、培训目的、培训对象、培训时间、课程内容、师资来源、实施进度和培训经费等项目。有效的培训体系要求在制定培训计划时应当遵循拟定的管理程序，先由人力资源管理部门（或者培训主管单位）分发培训需求调查表，经各级单位人员讨论填写完毕直属主管核定后，人力资源管理部门汇总，拟定培训草案，提请上一级主管审定，在年度计划会议上讨论通过。在培训方法方面，应当考虑采用多种方式，对演讲、座谈、讨论、模拟等方法善加运用，可以增强培训效果。同时在培训内容上，最好能够采用自主管理的方式，有员工与主管或讲师共同制定培训目标、主题，场地开放自由化，可以增加员工学习意愿，提升学习效果。

5）培训实施培训计划制定后，就要有组织计划的实施。从实际操作面上讲，应该注意几个问题：

执行培训时最好与考核相结合，重视过程控制，观察培训过程中参训者的反应及意见。培训是持续性的心智改造过程，所以员工在培训过程中的社会化改变比训练结果更值得关注。

培训计划执行时应当注重弹性原则和例外管理。对于一般性的训练，可以统筹办理，人力资源管理部门主要负责。对于特定性的培训，应采用例外管理，由各个单位根据具体情况弹性处理。

培训活动应注意事前沟通，塑造学习气氛，从而加强学习互动，营造良好的学习氛围，逐步建立学习性组织。

6）培训效果评估必不可少

培训的效果评估一方面是对学习效果的检验，另一方面是对培训工作的总结。效果评估的方法分为过程评估和事后评估。前者重视培训活动的改善，从而达到提升实质培训成效的作用；后者则供人力资源管理部门的决策参考。从合理化的观点来看，最好是将两者结合起来。

具体而言，效果评估方法采用以下方法：

如果培训的目的在于了解参训者的反应，可以利用观察法、面谈或意见调查等方式，从而了解参训者对培训内容、主题、教材、环境等的满意程度；如为了解参训者的学习效果，可以利用笔试或者让其提交心得体会，了解其知识增加程度；如为了解参训者行为的改变，可以对其行为观察及访谈其主管或同事，或者对工作实绩的进行测定。

【延伸阅读】

职位晋升不能仅看业绩

职位晋升对企业选择人才、激励员工具有重要作用。然而，现在许多企业实行的职位晋升制度，即由领导根据员工业绩大小择优晋升高一级职位的选拔方式，存在着许多缺陷。

这种方式在设计思想上忽略管理工作的独特性，牺牲了组织效率。它是基于如下假设：一个人在目前岗位上成绩突出，就一定能在更高岗位上有所成就。但是，职位晋升意味着管理层次的提升，而管理工作不同于一般技术性工作，不同层次管理者处理问题重点不同，对其技能要求亦不同。

高层管理者主要任务是谋求对企业最有利的竞争地位以实现经营目标，要求其具有根据内外信息确定企业发展方向和发展战略等具有全局意义的大政方针的能力；中层管理者是上下级之间信息联络的桥梁，工作重点是人际沟通，与上级沟通以明确其工作意图，与同级沟通以利协作，与下级沟通以提高其积极性；基层管理者主要完成具体工作，对员工进行指导、控制并保证工作质量，因而须具备相关知识与技能。

由此可见，现行晋升制度是选出操作技能最优的人去从事需要很强人际交往能力的工作，而又选出最擅长沟通的人去完成决策的任务。这种做法，实质上是将职位晋升作为对业绩突出者价值的肯定与认可，而对工作的根本目标，即为高职位配备可有所成就的合格人才方面，并无多大实际意义。这一制度的另一假设是，根据可测成果选拔人才，对晋升者及其他员工都是公平的。其实，以表面的公平为代价，造成了事实上的不公平，牺牲了企业效率。从晋升者来讲，从熟知的、最能发挥特长的岗位，调到一个较陌生的、工作中会处处遇到障碍却可能无力解决的岗位，究竟是奖是罚？奖励有多种形式，为优秀者提供良好工作条件，促使其有良好职业发展前景可能是最好的奖励。如果给科技专家一个大的科研项目，往往比给其一个脱离其本行的行政职位所产生的效益要大得多。从这一点看，这一制度的直接后果是，在其他方面有能力的人被提拔到不能正常发挥其能力的岗位，而这方面的合格者却因为在与自己能力不匹配的工作中未取得好的成就而被排斥在外。每个人都未得到自己合适的位置，最终结果是使企业整体上处于管理混乱、效率低下状态。

从实际操作效果看，这一制度还造成管理者为争夺稀缺职位，在工作中产生管理行为短期化和本位化的结果。如注重部门短期成果，忽视长远发展；部门之间缺乏相互沟通与配合的协作精神，只考虑部门内部利益而忽略整体效益。

第二节　劳动合同签订

一、劳动合同的含义

劳动合同是指劳动者与用人单位确立劳动关系、明确双方权利和义务的协议。劳动合同适用法律法规有《中华人民共和国劳动法》《中华人民共和国劳动合同法》和《中华人民共和国劳动合同法实施条例》等。

根据《劳动合同法》第 17 条规定，劳动合同应当具备以下条款：

（一）用人单位的名称、住所和法定代表人或者主要负责人；

（二）劳动者的姓名、住址和居民身份证或者其他有效身份证件号码；

（三）劳动合同期限；

（四）工作内容和工作地点；

（五）工作时间和休息休假；

（六）劳动报酬；

（七）社会保险；

（八）劳动保护、劳动条件和职业危害防护；

（九）法律、法规规定应当纳入劳动合同的其他事项。

劳动合同除前款规定的必备条款外，用人单位与劳动者可以约定试用期、培训、保守秘密、补充保险和福利待遇等其他事项。劳动合同的期限一般有 3 种，分别是有固定期限的劳动合同、无固定期限的劳动合同和以完成一定工作为期限的劳动合同。

1. 劳动合同的特征

(1) 劳动合同主体具有特定性；

(2) 劳动合同内容具有劳动权利和义务的统一性和对应性；

(3) 劳动客体具有单一性，即劳动行为；

(4) 劳动合同具有诺成、有偿、双务合同的特性；

(5) 劳动合同往往涉及第三人的物质利益关系。

2. 劳动合同的效力

根据《劳动法》第 18 条的规定，违反法律、行政法规的劳动合同和采取欺诈、威胁等手段订立的劳动合同都是无效劳动合同。劳动合同的无效，由劳动争议仲裁委员会或者人民法院确认，引起无效的原因大体有以下几种：

(1) 合同主体不合格。如受雇一方提供了假的学历、学位、专业技术资格证书，聘用单位不具备招聘资格等。

（2）合同内容不合法，即劳动合同有悖法律、法规及善良风俗，或是损害了国家及社会的公共利益。如约定制造毒品、假钞等。内容不合法的劳动合同不受法律保护。

（3）意思表示不真实。劳动合同是双方合意的产物，应该是当事人真实的意思表示。采取欺诈、威胁等手段订立的劳动合同，违背一方的真实意愿，因而是无效的。

（4）合同形式不合法。这是指劳动合同没有采取书面形式、当事人也未实际履行主要义务，或者依法或应当事人要求应当鉴证的劳动合同没有鉴证等。在一般情况下，只要当事人采取补救措施，使合同形式上合法化后，就可以认定合同有效。

二、劳动合同变更的条件

劳动合同变更的条件有：

1. 订立劳动合同时所依据的法律、法规已修改或废止；

2. 用人单位转产或调整、改变生产任务；

3. 用人单位严重亏损或发生自然灾害，确实无法履行劳动合同规定的义务；

4. 当事人双方协商同意；

5. 法律允许的其他情况。

【延伸阅读】

劳动合同样本

合同编号：

甲方　　　　　　　　　　　　　乙方

单位名称：　　　　　　　　　　姓名：

单位地址：　　　　　　　　　　住所：

根据《××市竟成印刷厂实行全员劳动合同制暂行规定》（以下简称《暂行规定》）和××市劳动局《本市全民所有制企业实行全员劳动合同制试行办法》的有关规定：在平等自愿、协商一致的原则下，双方订立合同如下：

一、合同类别和合同期限

第一条　本合同期限经双方协商一致，采取下列第___种形式：

（一）固定期限：自____年__月__日起至____年__月__日止。其中，试用期自____年__月__日起至____年__月__日。

（二）无固定期限：自____年__月__日起。其中，试用期自____年__月__日起至____年__月__日。

（三）以完成一定工作任务为期限：自____年__月__日起至____年__月__日时止。

二、工作岗位

1. 甲方根据生产和工作的需要，并参照乙方的工作技能或特长，经考核后择优上岗或安排适当的工作。上岗前应按照《××市竟成印刷厂岗位聘用实施办法》与所在部门签订上岗聘约。上岗聘约为本合同附件。

2. 甲方因生产和工作需要或根据乙方的工作能力和表现情况，可调动乙方的工作部门工作岗位，在征求乙方意见时，如无特殊情况，乙方应以服从为原则。

3. 双方有关岗位聘用、解聘等事项按《××市竟成印刷厂岗位聘用实施办法》和《××市竟成印刷厂职工下岗待聘的暂行规定》办理。

三、双方的责任和义务

1. 甲方应根据国家有关劳动保护、安全生产的法规制度，采取有效措施，为乙方提供良好的劳动环境和工作条件，加强对职工的安全、卫生和劳动保护，并根据生产和实际工作需要发给乙方必要的劳防用品和保健营养待遇。同时，对女职工应酌情实行特殊保护。

2. 甲方根据生产和工作需要，对职工提供必要的专业技术培训和业务进修条件，并进行安全生产和厂规厂纪教育等。

3. 乙方上岗后应按照甲方的生产和工作要求，掌握本岗位的工作技能和操作规程，按质按量地完成各项规定的生产和工作任务，并接受甲方职能部门的有关考核。

四、劳动报酬

1. 乙方工资、奖金、浮动工资、岗位工资、加班工资和相应的福利津贴等，按月发放，于每月 5 日前到账。

2. 乙方在生产或工作中有突出贡献或特殊成绩的，甲方可给予必要奖励或晋级工资。

五、福利待遇和劳动保险

1. 在劳动合同期间，乙方仍享受统一规定的有关津贴，物价补贴、计划生育、住房补贴、养老保险、独生子女费以及法定的公休节假日、探亲假、婚丧假、产假和甲方规定的职工休假等。

2. 在劳动合同期间内，乙方因工或非因工死亡的待遇以及家属抚恤等相关待遇等仍按国家现行政策规定执行。

3. 劳动合同期间，乙方患病或非因工负伤期间的有关待遇仍按国家现行的有关政策和本单位规章制度执行。对乙方的停工医疗期按《××市竟成印刷厂实行全员劳动合同制的暂行规定》中的有关条款执行。

4. 被列入下岗待聘范围的人员，其各种待遇按照《××市竟成印刷厂下岗待聘的暂行规定》执行。

5. 乙方到达离退休年龄，其离退休待遇仍按国家现行政策规定执行。

六、劳动纪律

乙方在劳动合同期间内必须自觉地遵守国家的有关法规法纪、遵守劳动纪律和甲方制定的各种规章制度，如有违纪违章行为，甲方有权按有关厂规厂纪规定给予必要的处罚。

七、合同的变更、终止和解除

1. 凡有固定期限的劳动合同，期限届满时即为终止，甲乙双方经协商后可续订劳动合同。

2. 合同双方在履行劳动合同过程中，如发生特殊情况，无法履行劳动合同的有关内容，经双方协商一致后，可变更劳动合同的有关内容，但必须办理变更手续。

3. 职工到达规定的离退休年龄或因病丧失劳动能力提前退休时，劳动合同自然终止。

4. 在劳动合同期间，任何一方要求解除劳动合同，除属《××市竟成印刷厂实行全员劳动合同制暂行规定》中的第十六条第一、二、三、四款之外，必须提前一个月以书面形式通知对方，方可办理解除劳动合同的手续。

5. 在劳动合同期限内，乙方如属《暂行规定》中第十六条规定之一的，甲方可以解除劳动合同。

6. 乙方在劳动合同期限内，如遇有《暂行规定》第十八条规定之一的，甲方不得解除劳动合同。

7. 乙方在劳动合同期限内，如遇有《暂行规定》第十七条规定之一的，可向甲方提出解除劳动合同。

8. 被解除劳动合同的乙方，甲方根据《暂行规定》的有关条款办理有关手续。

八、违约责任

1. 在合同期内，甲方除《暂行规定》第十六条、第十九条、乙方除《暂行规定》第十七条规定的条件外，均不得解除合同或自行离职，否则应支付违约金______元。

2. 甲乙双方必须严格履行劳动合同，除遇有特殊情况，经双方协商一致不能履行劳动合同的有关内容外，任何一方违反合同给对方造成经济损失的，应根据其后果和责任大小，给对方赔偿经济损失。赔偿金额按有关规定或实际情况确定。

3. 凡由甲方出资对乙方进行培训、学历学习、进修的人员，其有离职、调动或违约时，均按《××市竟成印刷厂关于职工在服务期内离岗及违约赔偿办法》有关规定执行。

九、双方需要约定的有关条款

1. 本合同未尽事宜，均按《暂行规定》的有关规定办理。

2. 本合同的有关规定在执行过程中，如与国家新颁布的有关规定相抵触时，应按国家规定执行。甲乙双方需要修订或补充的，可协商修订补充。

十、劳动争议的调解、仲裁

因履行劳动合同发生争议，当事人应当从知道或应当知道其权利被侵害之日起六个月内向企业劳动争议调解委员会申请调解，也可在争议发生之日起六个月内或企业调解不成三十日内，按规定向劳动争议仲裁委员会申请仲裁。

本劳动合同依法成立，具有法律效力，经甲乙双方签字后生效。此合同一式两份。甲乙双方各执一份。

甲　方：　　　　　　　　　　乙　方：

法定代表人（签章）：

合同签订日期：___年___月___日　合同签订日期：___年___月___日

第三节　薪酬管理

薪酬管理，是指一个企业针对所有员工所提供的服务来确定他们应当得到的报酬总额以及报酬结构和报酬形式的过程。在这一过程中，企业必须就薪酬水平、薪酬结构、薪酬体系、薪酬关系、薪酬形式以及薪酬政策作出决策。同时，作为一个持续的组织过程，企业还要持续不断地制定薪酬计划、拟定薪酬预算，就薪酬管理问题与员工进行沟通，同时对薪酬系统本身的有效性作出评价，予以完善。

一、薪酬管理的内容

1. 薪酬水平

薪酬水平是指企业的各职位、各部门以及整个企业的平均薪酬水平，它决定了企业薪酬的外部竞争性。若是企业的薪酬水平较低，员工可能被其他企业所吸引。

2. 薪酬结构

薪酬结构是指薪酬由哪些部分构成，各个部分以怎样的比例结合在一起。例如，薪酬中的基本薪酬和可变薪酬之间，可以有不同的构成比例，在不同的构成比例下，员工所感受到的激励性和风险性是不一样的。

3. 薪酬体系

薪酬体系的选择，即确定员工的基本薪酬以什么为基础。通常，薪酬体系主要有：职位（岗位）薪酬体系和技能（能力）薪酬体系。

4. 薪酬关系

薪酬关系是指企业内部不同职位的薪酬水平所形成的相互比较关系，员工对薪酬关系是极其关注的，薪酬关系的合理与否会对员工的流动率和工作积极性产生重大影响。

5. 薪酬形式

薪酬形式是指计量劳动和支付薪酬的形式。薪酬的各个构成部分有其特定的内容，也有其特定的计量方式。例如，直接薪酬与员工提供的劳动密切相关，并直接以货币形式支付；间接薪酬则由企业员工普遍享受而不与其提供的劳动相关，并常常以非货币形式提供。直接薪酬中的基本薪酬可以按劳动时间计算（计时工资），也可以按劳动产品数量计算（计件工资）。

6. 薪酬政策

薪酬政策是企业管理者对企业薪酬管理目标、任务和手段的选择和组合，是企业在员工薪酬上所采取的方针政策。基于企业特定的发展战略和人力资源战略，企业在薪酬政策上需要合理选择。

二、薪酬管理的原则

薪酬管理的目的是建立科学合理的薪酬制度，为此，在以上所提及的薪酬设计和薪酬管理的过程中，必须遵循以下八项原则。

1. 公平性原则——内部公平性

只有员工认为薪酬是公平的，才会认同薪酬的激励作用，公平性原则是薪酬管理中要考虑的最根本的原则，同时要注意它是一个心理原则。员工的公平性感受来自于：第一，是与外部其他类似企业（或类似企业岗位）相比较所产生的感受。第二，是员工对本企业薪酬系统分配机制和人才价值取向的感受。第三，是将个人薪酬与公司其他类似职位的薪酬相比较所产生的感受。第四，是对企业薪酬制度执行过程的严格性、公正性和公开性所产生的感受。

2. 竞争性原则——外部竞争性

竞争性原则包含两重意思：一是，薪酬水平必须高到可以吸引和留住员工。如果本企业的薪酬水平与其他企业中同等情况相比没有优势的话，不仅雇不到人，而且会导致职员流失。二是，如果人力成本在公司总成本中所占的比例较大，它就会直接影响这个公司的产品价格。人力成本必须保持在公司所能允许的、提高生产产品和劳务效率的最大限度上。

3. 激励性原则——员工的贡献度

科学合理的薪酬体系解决了人力资源管理中最核心的问题——分配问题。薪酬系统应该是努力越多，回报越多的机制。

4. 合理性原则——合乎相关法律法规的要求

薪酬管理要受到法律和政策的约束。如国家的最低工资标准的规定、有关职工加班加点的工资支付的规定，企业必须执行。

5. 经济性原则

在贯彻经济性原则时，可采用灵活的报酬给付办法。如针对核心岗位，考虑采取长期激励性报酬形式取代短期现金的发放；有些岗位的员工只需给予合理的薪酬，而不一定是行业中最高的；有时候可以适当考虑用精神激励的方式代替物质激励。

6. 可承受性原则

确定薪资的水平必须考虑企业实际的支付能力，薪酬水平需与企业的经济效益和承受能力保持一致。人力成本的增长幅度应低于总利润的增长幅度，同时应低于劳动生产率的增长速度，以保障出资者的利益，实现可持续发展。

7. 灵活性原则

薪酬管理体系应当能够体现企业本身的业务特点以及企业性质、

所处区域、行业的特点，并能够满足这些要素的要求。企业在不同的发展阶段和外界环境发生变化的情况下，应当及时对薪酬管理体系进行调整，以适应环境的变化和企业发展的要求。

8. 可操作性原则

薪酬管理制度和薪酬结构应当尽量浅显易懂，使得员工能够理解设计的初衷，从而按照企业的引导规范自己的行为。只有制度简洁明了，其操作性才会更强，有利于迅速推广，同时也便于管理。

三、薪酬管理的基本流程

薪酬管理作为一种持续的组织过程，企业必须不断地设计和制定薪酬计划、拟定薪酬预算、控制薪酬成本、落实薪酬政策，同时要对薪酬系统的有效性进行评估并不断加以完善。薪酬管理的核心内容是设计一个科学合理的薪酬系统，而且这个系统的设计和管理应是一个动态的过程，应根据企业内部、外部环境的变化随时进行调整和优化。企业薪酬管理的基本流程如图 3—1 所示。

1. 制定企业的薪酬原则与策略

制定企业的薪酬原则与策略，包括对员工总体价值的评价、对管理人员和专业人员所起作用的估计、薪酬差距标准的确立、薪酬与福利的分配比例等。确定企业薪酬的原则和策略，为以后的工作提供依据和方向。

2. 职位分析

职位分析也称工作分析，是指对各种工作的性质、任务、责任、互相关系以及任职工作人员的知识、技能、条件进行系统调查和研究，并作出科学系统的描述和规范化记录的过程。工作分析的成果便是“岗位说明书”及“岗位素质要求”，工作分析是企业人力资源管理的基础性工作，对于人力资源管理的科学化、制度化、正规化

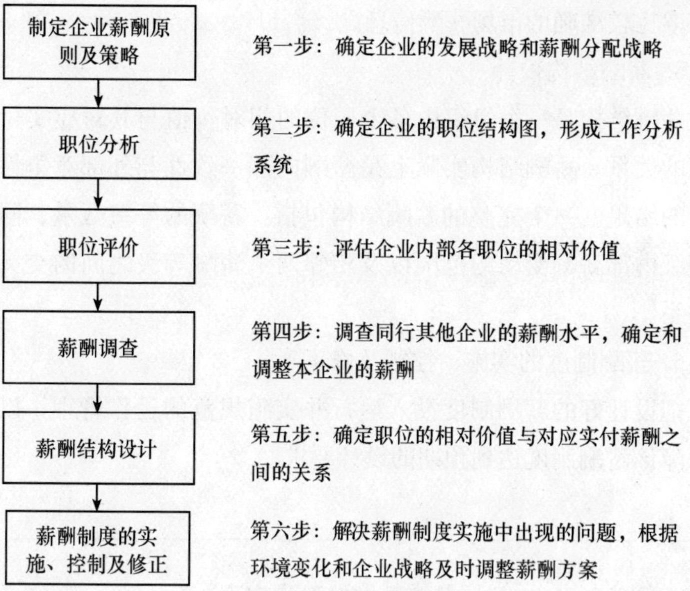

图 3—1　企业薪酬管理的基本流程

具有极其重要的作用。

3. 职位评价

职位评价又称岗位价值评估，它是在职位描述的基础上，对职位本身所具有的特性进行评价，以确定职位相对价值的过程。它是通过设计评价模型，包括设计岗位评价指标体系和岗位评价标准，对企业各岗位工作和对企业贡献的大小进行评估。

4. 薪酬调查

薪酬调查是指企业通过搜集信息来判断其他企业薪酬水平高低的一个系统过程。薪酬调查主要解决外部薪酬竞争性的问题，使员工将自己的投入与产出在进行横向比较时感到公平。调查数据的资料来源可以是公开的统计资料，也可以是抽样采访、专门问卷调查，或者是招聘单位发布的招聘信息等。由于薪酬调查的专业性和成本都比较高，因此绝大部分情况下企业都是与外部专业机构合作，及时获取比较准确的市场薪酬信息。

5. 薪酬结构设计

薪酬结构是一个组织中各个职位的相对价值与其对应实付薪酬之间的关系。薪酬结构实际上是薪酬内部一致性与外部竞争性之间平衡的结果。一个完整的薪酬结构包括：薪酬的等级数量、同一薪酬等级内部薪酬变动的范围以及相邻两个薪酬等级之间的交叉和重叠关系。

6. 薪酬制度的实施、控制及修正

把设计好的薪酬制度投入运行并实施规范的运作管理，以验证和保障该薪酬制度达到预期的设计要求①。

案例 3—1　　最佳雇主的薪酬方案

大部分的公司都明白雇用员工就意味着为其提供工资，但却并不是所有公司都知道怎么用薪酬驱动绩效，更不知道如何成功地吸引、保留或者发展其最重要的资本——公司的人才。金融危机的影响，让很多公司都为绩效奖金和来年的薪酬制定而发愁，如何能减少成本又不流失员工呢?

令人瞩目的雇主做了哪些，让他们成为人才眼里的明星?

来自于费城合益集团（Hay，全球管理咨询公司）的最新报告表明：美国多家全球跨国公司的顶级人力资源管理者，均表示整合、交流，以及一点点威信可以成为最受瞩目的HR和落选者之间的区别。

合益集团在其经营的第四年，就开始为《财富》杂志提供

① 吴冬梅．薪酬管理实务．北京：机械工业出版社，2008

“最受瞩目的HR”候选名单。2009年，合益集团调查了3 700多名人力资源经理，并列出了八个评定标准，其中的一半——管理质量、产品服务质量、创新人才和员工管理——成为该杂志评选最受瞩目公司的标准。

调查的结果之一是：入选“最受瞩目的HR”的公司在发现人才、培养人才上都有清晰的体系。在全面薪酬上无论是对资深经理，还是对一线员工都有非常清晰的沟通渠道。

大体上，“最受瞩目的HR”公司都倾向对经理和专业雇员提供较低的基本工资——大约比平均水平低5%。“这真让人吃惊。”合益的马克·罗依说，“这让人们相信，重视员工的发展、培训和职业生涯管理，将让公司避免对重要人才付以更多的薪酬”。

同时，重点在于这样的薪酬水平附带着很多“无形”附加值，比如内部发展项目和明星公司的影响力。这些都表明一点，让雇员关注与雇主的长期关系。这让最受瞩目的公司即便给出较低的薪酬，也在市场上具有很强的竞争力。

在“最受瞩目的HR”公司中，那些越长时间效力于公司的员工，就能得到越多的物质激励。“这个结果传递这样一个信息：如果你在公司得到提升，或者持续为公司的发展作出贡献，你就能不断从公司得到切实的物质激励。”罗依说。

第四节 长期激励薪酬

长期激励薪酬又称长期激励计划，主要指根据超过一年（通常

3～5 年）的绩效周期来评定员工业绩并据此对员工进行激励的计划。

长期激励薪酬对企业和员工都具有十分重要的意义。长期激励薪酬把员工的收益与组织的长期绩效联系在一起，激励员工为组织长期绩效考虑，避免员工的短期行为。长期激励薪酬还能培养所有者意识，有助于企业招募和保留高绩效的员工，从而为企业的长期资本积累打下良好的基础。

长期激励薪酬的主要形式包括现金与股权两种，进而分为长期现金计划和长期股权计划，前者又可以分为项目现金计划、事件相关计划以及绩效重叠计划；后者则可以分为现股计划、期股计划以及员工持股计划。

一、长期现金计划

长期现金计划是指员工超过一年期以上的绩效表现直接给予现金的长期激励。创业企业可以通过提供长期现金计划来刺激企业价值的改变，激发员工的创业热情，形成合力。其主要形式有以下 3 种。

1. 项目现金计划

项目现金计划是指为完成一个长期的项目而设立的目标奖励。该计划所针对的项目必须是长期的，但也可以结合短期激励进行。如在项目取得阶段性成果时，企业给予员工短期奖励，而当项目结束时则给予员工最终的奖励。这样既能保持项目的稳定性，而且有利于留住人才。

2. 事件相关计划

事件相关计划一般是指一年以上的员工特定绩效奖励，或对已经完成了一部分经营项目的员工给予的奖励。如某医疗器械公司分配给某员工开拓区域市场业务的工作，时间为 2 年。2 年后公司根据区域市场的开发情况给予奖励。

3. 绩效重叠期计划

绩效重叠期计划通常指以 2～3 年为期的员工持续激励计划。如一个为期 3 年的重叠计划，3 年绩效期的第一次目标设定在第 1 年，3 年结束后，对该激励计划进行评价且支付现金；另一个绩效期从第 2 年年初开始，企业在 4 年末付清奖励款项。

二、员工持股计划

员工持股计划就是通过向员工提供股票、股权以达到激励目的。从时间上看，这类计划属于超过一年的时间为考评、支付周期的长期激励计划。这类计划的支付方式一般包括股票、股份和股权。员工持股计划一般由企业内部员工出资认购本公司的部分股权，并委托员工持股会管理运作，员工持股会代表持股员工进入董事会参与表决和分红。

员工持股计划具有扩大资金来源；留住人才，增加员工收入；调整企业收益权，转变企业约束机制等作用。

总体来说，员工持股计划可以分为非杠杆化和杠杆化两类。

1. 非杠杆化的员工持股计划

非杠杆化的员工持股计划是指由公司每年向该计划贡献一定数额的公司股票或用于购买股票的现金。这一数额一般为参与者工资总额的 15%。该计划的要点包括：由公司每年向该计划提供股票或用于购买股票的现金，员工不需要做任何支出；由员工持股信托基金会持有员工的股票，并定期向员工通报股票数额和价值；当员工退休或因故离开公司时，可根据年限相应取得股票或现金。

在以股票形式作为贡献金的方式中，通过公司每年向员工持有计划贡献新的股票，员工所有权经过不断积累得以建立，而公司其他股东所有权将被稀释。以现金形式作为贡献金的方式中，公司每年向员工持股计划提供一定的享受资产收益率的现金，员工持有计划用这笔现金从现有的股东手中购买公司股票，经过多次积累员工的所有权。

2. 杠杆化的员工持股计划

杠杆化的员工持股计划主要是利用信贷杠杆来实现的，可以向银行和其他金融机构借款来购买股票。

这种做法涉及员工持股计划基金会、公司、公司股东和贷款银行四个方面。首先，成立一个员工持股计划信托基金会。然后，由公司担保，基金会出面以实行员工持股计划为名向银行贷款购买股票。购入的股票由信托基金掌握，并利用持有股权分得的公司利润以及由公司其他福利计划中转来的资金归还银行贷款的本金和利息。根据贷款归还进度，按事先确定的比例将股票逐步转入员工账户，贷款还清后，股票即全部归于员工所有。杠杆化的员工持股计划可以融资并增加纳税优惠，是常用的方式。

案例 3—2　业绩为王——激励薪酬助力企业腾飞[①]

S公司是一家经营家电、服务等生活用品的大型连锁企业。在薪酬管理方面，S公司考核员工是把销售业绩、卫生环境、柜台陈列、账册管理等方面的情况汇总在一起考评，根据综合考评的结果来发放奖金。这样就可能造成销售业绩单项突出，最后综合评价分数却不一定高，奖金不一定拿得多，严重影响了员工的积极性。2007 年 9 月起，S公司推出了一套新的改革措施——激

① 吴冬梅．薪酬管理实务．北京：机械工业出版社，2008

励薪酬体系。具体措施包括：

1. 把总奖金的40%提出来，作为销售奖金，按销售业绩排序分档，第一名拿一档；第二名拿二档……最后一名，如果是客观原因（如生病、事假等）而排在最后一名，则不能按序拿最后一名的奖金，而是直落到底，拿收底奖金50元。

2. 把总奖金的20%提出来，作为销售服务奖，按照服务态度分档排序。

3. 拿出总奖金的5%作为领班奖，奖励领班分配的一些临时性的、不能进入业绩考核的工作。

4. 剩下的总奖金的35%按过去的办法进行销售、卫生、陈列、账册综合考评。

不难看出，新方案与过去最大的不同是突出了员工的销售业绩，并把每个人的业绩摆在明处。新措施实施后，确实极大地调动了员工销售的积极性，主动迎客、热情服务。9、10月份销售份额连续增长20%。同时也引出了一些负效应：一些员工争抢销售，在一定程度上影响了团结；有顾客光临时，两个人同时争着上去迎接介绍情况；顾客要付费时，这个说是我先迎上去的，那个说是听了我的介绍他才买的。也有一些员工平时劳动态度好，只因为不善于与顾客沟通而销售业绩不突出，被排在末档上，感到很委屈；排在后面的员工感觉没有面子，心理压力很大。

第五节 人力成本控制

一、企业人力成本的概念

企业的人力成本常常被认为是工资或是工资福利等的支出，其实不然。

首先，人力成本不等于工资。人力成本是指企业在一定的时期内，在生产、经营和提供劳务活动中，因使用劳动者而支付的所有直接费用与间接费用的总和。如果企业给员工支付 1 000 元的工资，那么人力成本绝不会是这直接的 1 000 元，还有其他的间接费用。

其次，人力成本不等于工资总额。按照原劳动部 1997 年 261 号文件规定，人力成本包括工资总额、社会保险费用、福利费用、教育经费、住房费用以及其他人工成本。

再次，人力成本不等于使用成本。从人力资源的分类来看，人力成本可分为获得成本、使用成本、开发成本、离职成本，可见“使用成本”只是人力成本的一部分而已。

二、企业人力成本管控的理念

人力成本管控可以用以下三个不等式表述：

1. 管控人力成本不等于减少人力成本；

2. 管控人力成本不等于减少员工成本；

3. 员工收入较高不等于人力成本很高。

人力成本的管控不是要减少人力成本的绝对值，而是要降低人力成本在总体成本中的比重，增强产品或服务的竞争力；是要降低人力成本在销售收入中的比重，增强员工成本的支付能力；是要降低人力成本在企业增加值中的比重，即降低劳动分配率，增强人力资源的开发能力。

如果企业以克扣员工工资作为降低成本的手段，定会适得其反，对企业将造成不可估计的经济损失与负面极大的影响。比如一名员工工资被各种理由无故扣除部分后，员工首先是心里不接受这样的事实，导致了情绪化的产生，当情绪激发到一定程度时，就会发泄出来，那么就会有服务态度恶劣、破坏企业设施或设备、降低产品生产效率及产品合格率等。从而导致员工与企业的价值观不吻合、企业核心文化受到负面的冲击、企业精神得不到有力的支撑。由此可见，成本的控制不是在员工的工资、福利上下工夫，而是如何更好地在人力资本管理方面做到有效管控，在人力资源管理方面实现人力的时效开发与有效激励。

三、企业人力成本管控的措施

正如经济学家吴敬琏所说，“成本控制是一门花钱的艺术，而不是节约的艺术。”以节约为成本控制基本理念的企业只是土财主式的企业，最好的节约就是学会花钱，即通过精细化、集约化管理来提高劳动生产率，简单来说，管控人力成本就是控制人事费用率（人事费用率=人均人工成本×总人数÷销售收入总额）。管控人力成本的途径就是尽可能把分子做小、把分母做大，从而降低人事费用率，提高劳动生产率。

1. 围绕核心能力，优化组织结构

实现组织结构从“橄榄型”到“哑铃式”的转变，建立扁平化的组织结构。所谓“橄榄型”，即中间层臃肿、高层和基层明显不足的企业，从人力成本管控的角度看，“橄榄型”企业必然会导致机构臃肿，竞争力降低。

2. 流程再造，去掉不增值的环节

在新劳动法规环境下，大多数企业都面临着很大的成本压力，不过控制成本如果没有流程再造，仅靠管控编制其效果还是极有限的。

3. 整合价值链，把控核心能力

企业要有所为，有所不为，识别核心能力。一些非核心能力的环节要通过战略合作、OEM 等方式予以解决。

4. 加强人力资源管理

在不改变人员配置的情况下，招聘要做好背景调查，选对人。其次，招聘时的薪资谈判也很必要。创业企业进行“薪酬协商”很有必要，即劳资双方一起协商劳动合同中规定的薪酬组成和具体数据，在协商的过程中将其具体区分，不仅可以让员工清楚了解自己的薪酬构成，还能增强其工作的主观能动性。

5. 加强工时管理，降低无效成本

加强实践管理，坚守 80/20 法则，把 80%的时间用在 20%的关键事务上，保证效果的同时兼顾效率。同时，工时管理还要防止“出工不出力”。可以加强职业化及爱岗敬业教育；推行目标管理，严格考核，并兑现奖罚；实行“满负荷工作”，减少干私活的机会等。

6. 关注忠诚度，降低离职率

只有员工忠诚度提高后，才能有效降低离职成本和在获得成本，这也是节约人力成本的有效途径。

【延伸阅读】

“非货币激励”留住你的敬业人才

白花花的银子固然诱人，却未必能让员工的内心产生化学反应。芝加哥大学的斯科特·杰菲瑞曾经做过一个实验。在参与实验的63人中，18人未受到任何奖励，22人受到现金奖励，23人受到非现金奖励。这些人中，70%的人都表示“更愿意受到现金激励而不是奖品”，但实验结果却表明，受到非现金激励的人员表现出更高的绩效提升。

人们声称更喜欢现金奖励，但却为非现金奖励更努力工作。其实人们常常以为自己最需要钱，但是在实际行动中，却往往就不再把钱放在第一位了。对经理人来说，这实在是个好消息。

因此，真正聪明的经理人，正在尝试花费心思用另外一种方法来激励员工并与之沟通，那就是非货币形式。也就是说，用礼物、关怀、休假、名誉称号等代替金钱，来表扬员工，激发其工作热情。

根据调研，只有8%的中国员工具有高敬业度，但这些人中的近半数表示愿意接受其他企业的聘任或是正在积极寻找新的就业机会。

找到合适的人难，留住他（她）则更难。而在留住人才的主要因素中，“我的经理了解如何激励我”尤其关键。恰恰是这一点，在中国一些企业的状况堪称糟糕。“多数人在选择一家公司时，是因为看中了这个公司而加入；但在离开时，离开的理由则多数是因为不能忍受自己的上司。”北京万古埃森特咨询有限公司的总经理郑大奇说，“在中国，很多经理更多地习惯批评员工，但正面的激励可能更有效，也具有更大的边际效应。这是对人力资源职能的挑战，只有人力资源部做这件事是远远不够的，每个经理人都要成为高超的人力资源专家。”

这意味着，有竞争力的基本工资、培训机会并不够，翰威特（Hewitt）亚洲最佳雇主调查（2005）的结果也验证了这一点。根据调查中对CEO的访谈，包括中国在内的亚洲最佳雇主展现的三大特征中，有两项与激励和沟通有关：不断激励员工实现出色业绩；确保员工感到受到关注和重视。其中，非货币激励是个很重要的方面。员工不但要求自己的工作得到薪酬的奖励，还希望在薪酬之外得到认可。美国薪酬协会与美国员工激励协会联合进行的调查表明：非货币奖励在加强内部沟通、强化企业文化/价值观、改善团队工作、提高客户满意度方面具有较大的作用。

适当的非货币激励不但是公平薪酬计划的补充，而且比现金更有激励作用，在运用上也比现金更灵活、便宜，回报率高；而且很多时候还可以促进家庭参与和目标设置。

本章小结

创业的知识准备	
企业员工培训内容	•
劳动合同签订	•
薪酬管理	•
人力成本控制	•

课后思考题

根据本章所讲的内容回答下面两个问题：

（1）如何构建企业员工的培训体系？

（2）简述创业企业进行员工持股计划的适用性和必要性。

实训题

根据自己的创业项目进行人力成本分析，并提出尽可能多的人力成本管控措施。

第四章

零差错：产品与服务质量

学习目标：

通过本章的学习，你将能够了解：

产品的质量和管理

产品管理的工具有哪些

全面质量管理的原理和发展过程

六西格玛管理方法

ISO 9000 系列标准内容简介

质量是维护顾客忠诚的最好保证。

——杰克·韦尔奇

第一节 质量与质量管理

一、产品质量和管理

产品质量是指产品满足社会和人们需要所具备的特性。一般地说，凡是反映产品使用目的的各种技术经济参数，都可以叫做质量特性。产品质量特性，包括产品结构、性能、精度、纯度、物理性能、化学成分等内在特性，还包括外观、形状、手感、色泽、气味等外在特性。

工业产品各项质量特性，可以概括为性能、寿命、可靠性、安全性、经济性五个方面。

1. 性能是指产品的物理性能、化学性能或技术性能，如机床的功率、钢材的化学成分、纺织纤维的拉力等。

2. 寿命即耐用程度。是指产品的使用期限，如灯泡在规定电压下的使用小时数、汽车在正常条件下的行车里程数等。

3. 可靠性是指产品使用时，无故障的可能性、精度的稳定性、性能的持久性。如电视机平均无故障周期、机器精度的稳定期限等。

4. 安全性是指产品在使用过程中保证安全的程度，一般用事故频率和事故严重度两项指标来表示。

5. 经济性是指产品寿命周期总费用的大小，包括生产成本、销售价格、使用中燃料动力的消耗及维修费用等。

另外，产品质量还包括交货期、包装和售后服务等方面。

质量管理是进行质量方面的计划、组织、协调和控制的活动。通常包括制定质量方针和质量目标及质量策划、质量控制、质量保证和质量改进。

二、质量管理的发展阶段

质量管理的发展大致经历了 3 个阶段。

1. 质量检验阶段

20 世纪前，产品质量主要依靠操作者本人的技艺水平和经验来保证，属于“操作者的质量管理”。20 世纪初，以 F. W. 泰勒为代表的科学管理理论的产生，促使产品的质量检验从加工制造中分离出来，质量管理的职能由操作者转移给工长，是“工长的质量管理”。随着企业生产规模的扩大和产品复杂程度的提高，产品有了技术标准，公差制度也日趋完善，各种检验工具和检验技术也随之发展，大多数企业开始设置产品质量检验部门，有的直属于厂长领导，这时是“检验员的质量管理”。

2. 统计质量控制阶段

1924 年，美国数理统计学家 W. A·休哈特提出控制和预防缺陷的概念。他运用数理统计的原理提出在生产过程中控制产品质量的“六西格玛”法，绘制出第一张控制图并建立了一套统计卡片。与此同时，美国贝尔研究所提出关于抽样检验的概念及其实施方案，成为运用数理统计理论解决质量问题的先驱，但当时并未被普遍接受。以数理统计理论为基础的统计质量控制的推广应用始自第二次世界大战。由于事后检验无法控制武器弹药的质量，美国国防部决定把数理统计法用于质量管理，并由标准协会制定有关数理统计方法应用于质量管理方面的规划，成立了专门委员会，并于 1941—1942 年先后公布一系列战时的质量管理标准。

3. 全面质量管理阶段

20 世纪 50 年代以来，随着生产力的迅速发展和科学技术的日新月异，人们对产品的质量从注重产品的一般性能发展为注重产品的耐用性、可靠性、安全性、维修性和经济性等。在生产技术和企业管理中要求运用系统的观点来研究质量问题。在管理理论上也有新的发展，强调重视人的因素，着重依靠企业全体人员的努力来保证质量。此外，还有“保护消费者利益”运动的兴起，企业之间市场竞争越来越激烈。在这种情况下，美国的 A·V·费根鲍姆于 60 年代初提出全面质量管理的概念。他提出，全面质量管理是“为了能够在最经济的水平上、并考虑到充分满足顾客要求的条件下进行生产和提供服务，并把企业各部门在研制质量、维持质量和提高质量方面的活动一体化的一种有效体系”。

【延伸阅读】

质量管理领域新思想——顾客完全满意

顾客有两种界定标准，一种是“具有消费能力或消费潜力的人”，另一种是“任何接受我们的产品或服务的人”。顾客可以分为内部顾客和外部顾客。内部顾客是指企业内部从业人员：基层员工、主管、经理乃至股东；外部顾客分为显著型和隐蔽型两种。显著型：具有消费能力对某商品有购买需求，了解商品信息和购买渠道，能立即为企业带来收入。隐蔽型（潜在）：预算不足或没有购买该商品的需求，缺乏信息和购买渠道，可能随环境、条件、需要变化，成为显著顾客。

顾客最关注的是卓越的产品质量、优质的服务、货真价实，以及按时交货。顾客眼中的价值是从产品或劳务中得到的收益减去商业成本所得的利益。收益主要包括：所获效用；实用性，购物享受等；成本主要包括：金钱支出；为获得满足所花时间、精力、获取信息和实物时所经历的种种不便等。顾客所获得产品的功能主要体现于产品效用、利益，以及隐含的个性化需求。

“顾客完全满意”就是倡导的一种“以顾客为中心”的文化。企业把顾客放在经营的中心位置，让顾客需求引导企业的决策。在那些建立“顾客完全满意”管理模式的企业当中，企业需要了解顾客及其业务，了解他们使用产品的目的、时间、方式、周期；企业需要以顾客的角度进行思考，即“用顾客的眼睛看世界”。

我们可以通过对比不同的竞争优势获取策略，来分析企业建立“顾客完全满意”的长期优越性。不同的竞争优势获取策略主要有以下几种：

商品策略——假定本企业的产品和服务与竞争对手基本相同；靠高生产率低成本竞争；

技术导向——在技术上超过竞争者，建立技术上的暂时性垄断地位；

质量导向——重视产品质量，促进消费者购买；

服务导向——通过提供服务，给产品增加额外的价值；

顾客导向——把消费者的意见带进企业内部，企业根据消费者需求制定策略、设计产品。

其中，“顾客导向”的竞争策略，要求企业全面提高质量意识，提供优质服务。企业获得的将是一种长期的效果：永远留住顾客。

第二节 质量管理工具

一、质量管理的七种工具

1. 旧七种工具

（1）分层法

分层法又叫分类法，是整理质量数据的一种重要方法。它是把所收集起来的数据按不同的目的加以分类，将性质相同、生产条件相同的数据归为一组，使之系统化，便于找出影响产品质量的主要因素。

（2）排列图

排列图也叫巴雷特图、主次因素分析图和 ABC 法。它是用来找出影响质量的主要因素的一种方法。它一般由两个纵坐标、一个横坐标、几个长方形和一条折线组成。左边的纵坐标表示频数（如件数、金额、时间等）；右边的纵坐标表示频率；横坐标表示影响质量的各种因素，按频数大小自左至右排列；长方形的高度表示因素频数的大小；折线由表示各因素的累计频率的点连接而成。

（3）因果图

因果图是整理和分析影响产品（工程、工作）质量的各因素（原因）之间的关系，即表示质量特性与原因之间的关系的一种工作图。它又称因果分析图、树枝图或鱼刺图。

（4）直方图

直方图又称质量分布图和质量散布图。它是将数据按大小顺序分成若干间隔相等的组，以组距为底边，以落入各组的频数为高所构成的矩形图。直方图是用来整理质量数据，从中找出规律，用以判断和预测生产过程中质量好坏的一种常用工具。

（5）管理图

管理图又称控制图。它是用于分析和判断工序是否处于稳定状态，带有管理界限的图。它有分析用管理图和控制用管理图两类。前者专用于分析和判断工序是否处于稳定状态，并且用来分析产生异常波动的原因；后者专用于控制工序的质量状态，及时发现并消除工艺过程的失调现象。

（6）散布图

散布图又称相关图。它是在处理计量数据时，分析、判断、研究两个相对应的变量之间是否存在相关关系，并明确相关程度的一种方法。

（7）调查表

调查表又称检查表、统计分析表，它是为分层收集数据而设计的图表，用来进行数据整理和粗略的原因分析。可根据不同的目的要求，设计多种多样的调查表。

2. 新七种工具

（1）关联图法

关联图法是为了谋求解决那些有着原因与结果、目的与手段等关系复杂而互相纠缠的问题，并将各因素的因果关系逻辑地连接起来而绘制成关联图的方法，这种方法适用于几个人的工作场所，经过多次修改绘制关联图，使有关人员澄清思路，认清问题，促进构想不断转换，最终找出方法以解决质量关键问题。

（2）KJ 法

KJ 法又称亲和法。就是从未知、未经历的领域或将来的问题等杂乱无章的状态中，把与之有关的事实或意见、构思等作为原始资料收集起来，根据亲和性（亲缘关系）加以整理，绘制成图，然后找出所要解决的问题及各类问题相互关系的一种方法。主要用于制定质量管理方针、计划等。

（3）系统图法

系统图法即运用系统的观点，把目的和达到目的的手段依次展开绘制成系统图，以寻求质量问题的重点和最佳解决方法。具体来说，是从基本目的出发，采取从上而下层层展开和自下而上层层保证的方法来实现系统的目标。

（4）矩阵图法

矩阵图法，即把各个质量问题的问题因素按矩阵的行和列进行排列，找出问题所在。这是一种多维思考的模式。

（5）矩阵数据分析法

矩阵数据分析法，即对于矩阵中相互关系能够定量化的各因素进行数据分析的方法，主要用于市场调查、新产品设计与开发、复杂工程分析和复杂的质量评价等。

(6) 过程决策程序图法

该方法对于事态可能的发展变化作了充分的设想，并拟订出不同的方案，以增加计划的应变能力和适应能力。它主要用于制定目标管理、技术开发的执行计划等。

(7) 网络图法

网络图法即运用网络对质量问题进行计算、分析与处理的综合方法，它是选择最佳工期和实施有效进度管理的一种方法。

二、统计质量管理

早在20世纪20年代，一些著名的管理专家和统计学家已注意到质量检验的弱点，并设法用数理统计学的原理来解决这些问题。1924年，休哈特提出了控制和预防缺陷的概念。同时休哈特所在的贝尔研究所的检验工程小组，首先在质量管理中提出抽样检验。遗憾的是，这些研究成果和建议当时未被采用。

第二次世界大战期间，美国成为全球反法西斯战争军需物质的重要后勤供给基地。对大量军需品生产的需要，使质量检验的弱点很快显现出来，由于事先无法控制质量，对出厂产品全数检验的工作量大，军火生产企业常常延误交货日期。这时，人们才想到休哈特等人在第二次世界大战前的研究成果。于是，美国政府和国防部迅速组织数理统计学专家和质量管理专家联合制定出战时三项国防标准，即：《质量控制指南》《数据分析用控制图法》《工序控制用控制图法》。这是质量管理中最早的正式成文的质量控制标准。为了尽快贯彻这三项标准，美国政府和国防部强令各公司派送以总检验师为首的主要质量管理人员参加为期8天的质量控制方法学习班，并制定了实施这三项标准的细则。

这三项标准的强制实行不仅保证了企业军需品的及时供给，还给军需企业带来了巨额利润。第二次世界大战后，美国的民用企业也相继采用这三项标准，并迅速全面铺开，50 年代初达到高峰，随后又迅速传到世界许多国家。

所谓统计质量管理，简单地说，就是利用质量控制方法、技术和制度，将质量管理的重点放在生产过程中的关键工序，改最终产品的全数检验为随机抽样检验，根据抽样质量数据的统计分析制作控制图，用控制图对工序进行质量监控。这样做，减少了生产过程中不合格品的发生，保证了加工质量，极大地减少了废品损失。

统计质量管理的不足之处是片面强调应用统计方法，忽视了组织管理工作。因为统计只能作为质量管理的工具，而不能代替质量管理本身。

【延伸阅读】

精益管理思想

精益管理源于精益生产。精益生产（LP，Lean Production）是美国麻省理工学院教授詹姆斯·P·沃麦克等专家通过“国际汽车计划（IMVP)”对全世界 17 个国家 90 多个汽车制造厂的调查和对比分析，认为日本丰田汽车公司的生产方式是最适用于现代制造企业的一种生产组织管理方式。

精益管理由最初的在生产系统的管理实践成功，已经逐步延伸到企业的各项管理业务，也由最初的具体业务管理方法，上升为战略管理理念。它能够通过提高顾客满意度、降低成本、提高质量、加快流程速度和改善资本投入，使股东价值实现最大化。

精益管理要求企业的各项活动都必须运用“精益思维”（Lean

Thinking)。“精益思维”的核心就是以最小资源投入，包括人力、设备、资金、材料、时间和空间，创造出尽可能多的价值，为顾客提供新产品和及时的服务。精益管理的目标可以概括为：企业在为顾客提供满意的产品与服务的同时，把浪费降到最低程度。企业生产活动中的浪费现象很多，常见的有：错误——提供有缺陷的产品或不满意的服务；积压——因无需求造成的积压和多余的库存；过度加工——实际上不需要的加工和程序；多余搬运——不必要的物品移动；等候——因生产活动的上游不能按时交货或提供服务而等候；多余的运动——人员在工作中不必要的动作；提供顾客并不需要的服务和产品。努力消除这些浪费现象是精益管理的最重要的内容。

对于制造型企业而言，在以下方面已经有无数的实践证明是取得成效的：库存大幅降低，生产周期减短，质量稳定提高，各种资源（能源、空间、材料、人力）等的使用效率提高，各种浪费减少、生产成本下降，企业利润增加。同时，员工士气、企业文化、领导力、生产技术都在实施中得到提升，最终增强了企业的竞争力。对于服务型企业而言，提升企业内部流程效率，做到对顾客需求的快速反应，可以缩短从顾客需求产生到实现的过程时间，大大提高了顾客满意度，从而稳定和不断扩展市场占有率。

精益管理的思想包括由顾客确定产品价值结构、变“成批移动”为“单件流动”、生产由顾客拉动等。

第三节　全面质量管理

全面质量管理（Total Quality Management，TQM）这个名称，

最先是由美国的著名专家菲根堡姆于 1961 年在《全面质量管理》一书中提出的。它是在传统的质量管理基础上，随着科学技术的发展和经营管理上的需要发展起来的现代化质量管理，现已成为一门系统性很强的科学。

近年来，全面质量管理得到了进一步的扩展和深化，其含义远远超出了一般意义的质量管理的领域，已经成为了一种综合、全面的经营管理方式和理念。

一、全面质量管理的概念

全面质量管理，就是企业组织全体职工和有关部门参加，综合运用现代科学和管理技术成果，控制影响产品质量的全过程和各因素，经济地研制生产和提供用户满意的产品的系统管理活动。

全面质量管理的基本原理与其他概念的基本差别在于，它强调为了取得真正的经济效益，管理必须始于识别顾客的质量要求，终于顾客对企业的产品感到满意。全面质量管理就是为了实现这一目标而指导人、机器、信息的协调活动。

全面质量管理的特点是管理的全面性、控制产品质量的各个环节和阶段是，涉及全面性的质量管理、全过程的质量管理、全员参与的质量管理、综合多样性的质量管理。

二、全面质量管理的构成要素

为方便进行质量形成过程的控制，并不断通过对过程的完善使顾客得到满意的质量，必须围绕供方和顾客组成的过程链，建立完善的全面质量管理体系。该管理体系应包括软件、硬件两个方面的要素。

软件要素包括质量文化、上层领导的重视及对全面质量的承诺、有效的沟通等。质量文化主要与全体员工的质量意识、质量观念、业务素质、工作责任和敬业精神相关。上层领导必须将全面管理作为企业成员发展的战略之一，纳入企业战略规划，还必须亲自参与质量改进活动，到现场分析原因，制定改进措施。还需强化内外部沟通，统一思想，更清楚地了解顾客。

硬件要素包括有效的质量体系、质量管理团队、质量管理工具等。

三、全面质量管理的基本程序

全面质量管理的过程，就是质量计划的制定和组织实现的过程。这个过程按照 PDCA 管理循环，持续改进。PDCA 循环亦称戴明循环，是一种科学的工作程序。通过 PDCA 循环提高产品、服务或工作质量。

第一个阶段称为计划阶段，又叫 P 阶段。这个阶段的主要内容是通过市场调查、用户访问等，搞清楚客户对产品质量的要求，确定质量政策、质量目标和质量计划等。

第二个阶段为执行阶段，又称 D 阶段。这个阶段是实施 P 阶段所规定的内容，如根据质量标准进行产品设计、试制、试验等，还包括计划执行前的人员培训。

第三个阶段为检查阶段，又称 C 阶段。这个阶段主要是在计划执行过程中或执行之后，检查执行情况，是否符合计划的预期结果。

第四阶段为处理阶段，又称 A 阶段。主要是根据检查结果，采取相应的应对措施。

四个阶段循环往复，没有终点，只有起点。

四、全面质量管理的内容

全面质量管理过程的全面性，决定了全面质量管理的内容应当包括设计过程、制造过程、辅助过程、使用过程等四个过程的质量管理。

1. 设计过程质量管理

产品设计过程质量管理是全面质量管理的首要环节。这里的设计过程，包括市场调查、产品设计、工艺准备、试制和鉴定等过程，即产品正式投产前的全部技术准备过程。主要工作内容包括通过市场调研，根据用户要求、科技情报与企业的经营目标，制定产品质量目标；组织有销售、科研、设计、工艺、制度和质检等多部门参加的审查和验证，确定适合的设计方案；保证技术文件的质量；做好标准化的审查工作；督促遵守设计试制的工作程序等。

2. 制造过程的质量管理

制造过程是指对产品进行加工的过程。它是产品质量形成的基础，是企业质量管理的关键环节。它的基本任务是保证产品的制造质量，建立一个能够稳定生产合格品和优质品的生产系统。主要工作内容包括组织质量检验工作；组织质量分析，掌握质量动态；组织工序的质量控制，建立管理点，等等。

3. 辅助过程的质量管理

辅助过程是指为保证制造过程的正常进行而提供各种物资技术条件的过程。它包括物资采购供应、动力生产、设备维修、工具制造、仓库保管和运输服务等。主要内容有：做好物资采购供应的质量管理，保证采购质量，严格入库物资的检查验收，按质、按量、按期地提供生产所需要的各种物资（包括原材料、辅助材料、燃料等）；组织好设备维修工作，保持良好的设备技术状态；做好工具制造和供应的质量管理工作等。另一方面，企业物资采购的质量管理也日益显得重要。

4. 使用过程的质量管理

使用过程是考验产品质量的过程，它是企业内部质量管理的继续，也是全面质量管理的出发点和落脚点。这一过程质量管理的基本任务是提高服务质量（包括售前服务和售后服务），保证产品的实际使用效果，不断促使企业研究和改进产品质量。主要工作内容有：开展技术服务工作，处理出厂产品质量问题；调查产品使用效果和用户要求。

五、全面质量管理的推行步骤

在具体推行过程中，企业可以从以下几个步骤来实施：

1. 通过培训使企业员工牢固树立“质量第一”和“顾客第一”的思想，创造良好的企业文化氛围，采取切实行动，改变企业文化和管理形态。

2. 制定企业人、事、物及环境的各种标准，确保企业运作资源的有效性和高效性。

3. 推动全员参与，对全过程进行质量控制与管理。以人为本，充分调动各级人员的积极性，推动全员参与。只有全体员工的充分参与，才能带动他们的积极性和主观能动性为企业带来收益，才能够真正实现全过程的质量控制与管理。

4. 做好计量工作。计量工作包括测试、化验、分析、检测等，是保证计量的量值准确和统一，确保技术标准的贯彻执行的重要方法和手段。

5. 做好质量信息工作。企业根据自身的需要，应当建立相应的信息系统，并建立质量信息数据库。

6. 建立质量责任制，设立专门质量管理机构。全面质量管理的推行要求企业员工自上而下地严格执行。从一把手开始，逐步向下实施。全面质量管理的推行必须要获得企业一把手的支持和领导，否则难以长期推行。

【延伸阅读】

专家对全面质量管理的展望

著名质量管理专家朱兰博士指出：过去的20世纪是生产率的世纪，而21世纪是质量的世纪。质量是全民的事业，与人有关、人人有责。必须全民参与质量活动，全社会监督质量活动。必须在质量管理方面做出革命性变革，以追求世界级质量。全面质量管理就是为了达到世界级质量的领导地位所要做的一切事情。

菲根堡姆博士提出：质量是一个综合的概念，要把战略、质量、价格、成本、生产率、服务和人力资源、能源和环境学一起进行考虑，即要认识到现代经济中质量的广泛性，树立“大质量”概念。要求未来市场竞争的全面质量管理技术的支撑，它们是质量成为全面强调整个公司向顾客提供服务的竞争纪律的一种方式——所谓顾客是指最终使用者，或你旁边桌子和工作台的员工。他们使质量成为同时达到顾客完全满意、人力资源和低成本的公司的行为方式。

美国营销学家菲利普·科勒特指出：产品质量分为绩效质量与吻合质量。绩效质量是产品的绝对工作质量，它是单纯以产品中所包含的工程技术水平来衡量的质量，而不考虑质量的市场定位；吻合质量是指由市场定位决定的，与目标市场的需要相一致的质量。

日本著名质量管理专家石川馨博士指出：全面质量管理是经营的一种思想革命，新的经营哲学。

国际质量科学院院士刘源张指出：世界上最好的东西莫过于全面质量管理了。他对全面质量管理有十分精辟的见解是：（1）全面质量管理是改善职工素质和企业素质，以达到提高质量、降低消耗和增加效益的目的；（2）全面质量管理关键是质量管理工作的协调和督促，而这件事最后只有一把手有权去做；（3）管理的历史就是从管人到尊重人。

专家们认为，全面质量管理（TQM）必将成为21世纪质量管理创新的焦点。

第四节 六西格玛管理

六西格玛（Six Sigma）又称：6σ、6Sigma、6Σ。西格玛（Σ，σ）是希腊文字母，是用来衡量一个总数里标准误差的统计单位。

其含义引申为：一般企业的瑕疵率大约是3～4个西格玛，以4个西格玛而言，相当于每100万个机会里，有6 210次误差。如果企业不断追求品质改进，达到六西格玛的程度，绩效就几乎完美地达到顾客要求，在100万个机会里，只找得出3～4个瑕疵。

一、六西格玛管理的由来和发展

六西格玛管理作为一种全新的管理模式，充分体现着量化科学管理的思想理念。六西格玛质量策略是建立在测量、试验和统计学基础上的现代质量管理方法；由摩托罗拉公司于1987年首创，作为全面满足客户需求的关键经营战略，经过十多年的发展，逐渐被众多公司采用。

20世纪80年代到90年代初期，摩托罗拉是众多市场不断被日本竞争对手侵蚀的西方公司之一。当时摩托罗拉的领导人承认其产品质量低劣。1987 年，当时摩托罗拉通信部门的经理乔治·费希尔提出了一种质量管理新方法，就是六西格玛方法。在公司主席鲍伯·高尔文的支持下，六西格玛方法在公司范围内得到推广。

实施六西格玛方法仅仅两年，摩托罗拉就获得了马可姆·波里奇国家质量奖。从实施六西格玛方法的 1987—1997 年，销售额增长 5 倍，利润平均每年增长 20%；带来的节约额累计达 140 亿美元；股票价格平均每年上涨 21.3%。

六西格玛管理真正流行并发展起来，是通过通用电气公司的实践，人们总结了全面质量管理的成功经验，提炼了其中流程管理技巧的精华和最行之有效的方法，成为一种提高企业业绩与竞争力的管理模式。该质量管理方法在摩托罗拉、通用电气、戴尔、惠普、西门子、索尼、东芝等众多跨国企业的实践证明是卓有成效的。为此，国内一些部门和机构在国内企业大力推六西格玛管理工作，引导企业开展六西格玛管理。现在，六西格玛已经逐步发展成为以顾客为主体来确定企业战略目标和产品开发设计的标尺，追求持续进步的一种管理哲学。

六西格玛是企业走向精细化科学管理的一个质量目标，这个质量目标要由企业内各个部门共同努力才能够整体实现。摩托罗拉和通用电气等公司推行六西格玛的成就，也是业务部门对成百上千个影响产品设计、生产、服务的因素一个个改进的结果。

二、六西格玛管理的特征

作为持续性的质量改进方法，六西格玛管理具有如下特征：

1. 对顾客需求的高度关注

六西格玛管理以更为广泛的视角，关注影响顾客满意的所有方面。六西格玛管理的绩效评估首先就是从顾客开始的，其改进的程度用对顾客满意度和价值的影响来衡量。六西格玛管理代表了极高的对顾客需求的符合性和极低的缺陷率。它把顾客的期望作为目标，并且不断超越这种期望。企业从三西格玛开始，然后是四西格玛、五西格玛，最终达到六西格玛。

2. 高度依赖统计数据

统计数据是实施六西格玛管理的重要工具，用数字来说明一切，所有的生产表现、执行能力等，都量化为具体的数据，成果一目了然。决策者及经理人可以从各种统计报表中找出问题所在，真实掌握产品不合格情况和顾客抱怨情况等，而改善的成果，如成本节约、利润增加等，也都以统计资料与财务数据为依据。

3. 重视改善业务流程

传统的质量管理理论和方法往往侧重结果，主要通过在生产的终端加强检验以及开展售后服务来确保产品质量。然而，生产过程中已产生的废品对企业来说却已经造成损失，售后维修需要花费企业额外的成本支出。更为糟糕的是，由于容许一定比例的废品已司空见惯，人们逐渐丧失了主动改进的意识。

六西格玛管理将重点放在产生缺陷的根本原因上，认为质量是靠流程的优化，而不是通过严格地对最终产品的检验来实现的。企业应该把资源用于认识、改善和控制原因而不是放在质量检查、售后服务等活动上。质量不是企业内某个部门和某个人的事情，而是每个部门、每个人的工作，追求完美成为企业中每一个成员的行为。六西格玛管理通过一整套严谨的工具和方法来帮助企业推广实施流程优化工作，识别并排除那些不能给顾客带来价值的成本浪费，消除无附加值活动，缩短生产、经营循环周期。

4. 积极开展主动改进型管理

进行有效的六西格玛管理，就好像找到了一面重新观察企业的放大镜。人们惊讶地发现，缺陷犹如灰尘，存在于企业的各个角落。这使管理者和员工感到不安。要想变被动为主动，努力做点什么。员工会不断地问自己：现在到达了几个西格玛？问题出在哪里？能做到什么程度？通过努力提高了吗？这样，企业就始终处于一种不断改进的过程中。

三、六西格玛管理的作用

企业实施六西格玛管理的好处是显而易见的，主要表现在以下几个方面：

1. 能够提升企业管理的能力

六西格玛管理以数据和事实为驱动器。过去，企业对管理的理解和对管理理论的认识更多停留在口头上和书面上，而六西格玛把这一切都转化为实际有效的行动。六西格玛管理法成为追求完美无瑕的管理方式的同义语。

正如杰克·韦尔奇在通用电气公司 2000 年年报中所指出的：“六西格玛管理所创造的高品质，已经奇迹般地降低了通用电气公司在过去复杂管理流程中的浪费，简化了管理流程，降低了材料成本。六西格玛管理的实施已经成为介绍和承诺高品质创新产品的必要战略和标志之一。”

对国外成功经验的统计显示：如果企业全力实施六西格玛革新，每年可提高一个西格玛水平，直到达到 4.7 西格玛，无需大的资本投入，利润率的提高十分显著。而当达到 4.8 西格玛以后，再提高水平需要对过程重新设计，资本投入增加，但此时产品、服务的竞争力提高，市场占有率也相应提高。

2. 能够节约企业运营成本

对于企业而言，所有的不良品要么被废弃，要么需要重新返工，要么在客户现场需要维修、调换，这些都需要花费企业成本。美国的统计资料表明，一个执行三西格玛管理标准的公司直接与质量问题有关的成本占其销售收入的10%～15%。

3. 能够增加顾客价值

实施六西格玛管理可以使企业从了解并满足顾客需求到实现最大利润之间的各个环节实现良性循环。

通用电气的医疗设备部门在导入六西格玛管理之后创造了一种新的技术，带来了医疗检测技术革命。以往病人需要3分钟做一次全身检查，现在仅需要1分钟了。医院也因此而提高了设备的利用率，降低了检查成本。这样，出现了令公司、医院、病人三方面都满意的结果。

4. 能够改进服务水平

由于六西格玛管理不但可以用来改善产品品质，而且可以用来改善服务流程，因此，对顾客服务的水平也得以大大提高。

通用电气照明部门的一个六西格玛管理小组成功地改善了同其最大客户沃尔玛的支付关系，使得票据错误和双方争执减少了98%，既加快了支付速度，又融洽了双方互利互惠的合作关系。

5. 能够形成积极向上的企业文化

在传统管理方式下，人们经常感到不知所措，不清楚自己的目标，工作处于一种被动状态。通过实施六西格玛管理，每个人知道自己应该做成什么样，应该怎么做，整个企业洋溢着热情和效率。员工十分重视质量和顾客的要求，并力求做到最好，通过参加培训，掌握标准化、规范化的问题解决方法，工作效率获得明显提高。

四、六西格玛管理的实施程序

1. 辨别核心流程和关键顾客

随着创业企业规模的扩大，顾客细分日益加剧，产品和服务呈现出多元化、高标准化，对实际工作流程的了解可能会越来越模糊。获得对现有流程的清晰认识，是实施六西格玛管理的第一步。

（1）辨别核心流程。核心流程是对创造顾客价值最为重要的部门或者作业环节，如吸引顾客、订货管理、装货、顾客服务与支持、开发新产品或者新服务、开票收款、售后服务流程等，它们直接关系顾客的满意程度。与此相对应，诸如融资、预算、人力资源管理、管理信息系统等流程属于辅助流程，对核心流程起支持作用，它们与提高顾客满意度是一种间接的关系。不同的企业，核心流程各不相同，回答下列问题，有助于确定核心流程：

企业通过哪些主要流程向顾客提供产品和服务？

怎样确切地对这些流程进行界定或命名？

评价这些流程绩效或性能的主要输出结果或效果是什么？

（2）界定业务流程的关键输出物和顾客对象。在这一过程中，应尽可能避免将太多的项目和工作成果堆到“输出物”栏目下，以免掩盖主要内容，抓不住工作重点。对于关键顾客，并不一定是企业外部顾客，对于某一流程来说，其关键顾客可能是下一个流程，如产品开发流程的关键顾客是生产流程。

（3）绘制核心流程图。在辨明核心流程的主要活动的基础上，将核心流程的主要活动绘制成流程图，使整个流程一目了然。

2. 定义顾客需求

（1）收集顾客数据，制定顾客反馈战略。缺乏对顾客需求的清晰了解，是无法成功实施六西格玛管理的。即使是内部的辅助部门，也必须清楚了解其内部顾客——企业员工的需求状况。建立顾客反馈系统的关键在于：

1）将顾客反馈系统视为一个持续进行的活动，看做是长期应优先处理的事情或中心工作。

2）听取不同顾客的不同反映，不能以偏概全，由几个印象特别深刻的特殊案例而形成片面的看法。

3）除市场调查、访谈、正式化的投诉系统等常规的顾客反馈方法之外，积极采用新的顾客反馈方法，如顾客评分卡、数据库分析、顾客审计等。

4）掌握顾客需求的发展变化趋势。

5）对于已经收集到的顾客需求信息，要进行深入的总结和分析，并传达给相应的高层管理者。

（2）制定绩效指标及需求说明。顾客的需求包括产品需求、服务需求或是两者的综合。对不同的需求，应分别制定绩效指标，如在包装食品订货流程中，服务需求主要包括界面友好的订货程序、装运完成后的通知服务、顾客收货后满意程度监测等，产品需求主要包括按照时间要求发货、采用规定的运输工具运输、确保产品完整等。一份需求说明，是对某一流程中产品和服务绩效标准简洁、全面的描述。

（3）分析顾客各种需求并对其进行排序。确认哪些是顾客的基本需求，这些需求必须予以满足，否则顾客不会产生满意感；哪些是顾客的可变需求，在这类需求上做得越好，顾客的评价等级就越高；哪些是顾客的潜在需求，如果产品或服务的某些特征超出了顾客的期望值，则顾客会处于喜出望外的状态。

3. 针对顾客需求评估当前行为绩效

如果公司拥有足够的资源，可以对所有的核心流程进行绩效评估。如果公司的资源相对有限，则应该从某一个或几个核心流程入手开展绩效评估活动。大致的评估步骤如下：

（1）选择评估指标。标准有两条：①这些评估指标具有操作性，数据可以取得。②这些评估指标具有价值，为顾客所关心。

（2）对评估指标进行精确的界定，以避免产生误解。

（3）确定评估指标的资料来源。

（4）收集资料。对于需要通过抽样调查来进行绩效评估的，需要制订样本抽取方案。

（5）实施绩效评估，并检测评估结果的准确性，判断其价值。

（6）通过对评估结果所反映出来的误差，如次品率、次品成本等进行数量和原因方面的分析，识别可能的改进机会。

4. 辨别优先次序，实施流程改进

对需要改进的流程进行区分，找到高潜力的改进机会，优先对其实施改进。如果不确定优先次序，企业多方面出手，就可能分散精力，影响六西格玛管理的实施效果。业务流程改进遵循五步循环改进法，即 DMAIC 模式：

（1）定义：六西格玛管理的最终目标在于满足顾客对产品的要求。确定需要改进的目标及其进度，企业高层领导确定企业的策略目标，中层营运目标可能是提高制造部门的生产量，项目层的目标可能是减少次品和提高效率。界定时，需要辨析并绘制出流程图。

（2）测量：以灵活有效的衡量标准测量和权衡现存的系统与数据，了解现有质量水平。

（3）分析：利用统计学工具对整个系统进行分析，找到影响质量的几个关键因素。

（4）改进：运用项目管理和其他管理工具，针对关键因素确立最佳改进方案。

（5）控制：根据改进方案中预先确定的控制标准，在改进过程中，及时解决出现的各种问题，使改进过程不至于偏离预先确定的轨道，发生较大的失误。

5. 扩展、整合六西格玛管理系统

当某一六西格玛管理改进方案实现了减少缺陷的目标之后，如何巩固并扩大这一胜利成果就变得至关重要了。

（1）提供连续的评估以支持改进。在企业内广泛宣传推广该改进方案，以取得企业管理层和员工的广泛认同，减少进一步改进的阻力；将改进方案落实到通俗易懂的文本资料上，以便于学习和执行；实行连续的评估，让企业管理层和员工从评估结果中获得鼓舞和信心；任何改进方案都可能存在着需要进一步改进之处，对可能出现的问题，应提前制定应对策略，并做好进一步改进的准备。

（2）明确流程负责人及其相应的管理责任。采用了六西格玛管理方法，就意味着打破了原有的部门职能的交叉障碍。为确保各个业务流程的高效、畅通，有必要指定流程负责人，并明确责任，主要包括：维持流程文件记录、评估和监控流程绩效、确认流程可能存在的问题和机遇、启动和支持新的流程改进方案等。

（3）实施循环管理，不断向六西格玛绩效水平推进。六西格玛改进是一个反复提高的过程，在实践过程中也需要反复使用多种方法，形成一个良性发展的闭环系统，不断提高品质管理水平，减少缺陷率。此外，从部分核心环节开始实施的六西格玛管理，也有一个由点到面逐步推开改进成果、扩大改进范围的过程。

【延伸阅读】

美的制冷家电集团推进六西格玛管理

2010 年 6 月，中国质量技术奖励大会暨第七届全国六西格玛大会，美的制冷不但荣获了中国质量协会颁发的“全国六西格玛管理推进先进企业”大奖，而且有 3 个项目获得“中国质量技术奖六西格玛优秀项目奖”。

“引入六西格玛管理，是内外压力共同作用的结果。”美的制冷国际事业部品质与产品管理部总监李雪忠告诉记者。早在 1999 年，美的空调成为 GE 的供应商。GE，这个全球实施六西格玛管理最为成功的企业，要求其所有供应商必须推行六西格玛管理，美的制冷因而早早就被“强行导入”了六西格玛理念。

到了 2004 年，国际市场竞争的挑战已经十分巨大。一方面，美的制冷当年的质量维修率 2.51%，损失金额过亿；另一方面，美的制冷出口急增，难以适应欧洲、北美市场对产品质量的苛刻要求。这一切使得他们产生了管理创新的强烈愿望。而六西格玛所倡导的严格、集中、高效地改善企业流程管理质量的原则，以及“零缺陷”的完美商业追求，与这种愿望不谋而合。这一年，六西格玛管理被作为企业战略确定下来。

“六西格玛包含了许多国际管理前沿的先锋成果，所以早期我们聘请了国际知名的咨询公司帮忙。”美的制冷经营管理部经理刘维成说。他在 1999 年便接受了 GE 的培训，见证了公司六西格玛推进的全过程。

“人才培训加项目实战，是我们推进六西格玛的主要形式。”刘维成介绍。2004 年年底，经过整整 3 个月调研，咨询公司找出了集团在整个流程中的瓶颈和弱环，设计成 40 个六西格玛黑带项目，包括 20 个品质提升项目和 20 个效率提升项目。集团要求相关管理人员每人背一个项目，同时接受黑带培训。从 2005 年 4 月到 8 月，每月都有一周培训时间，其他三周则去实施项目。最终，40 个项目完成了 34 项，首批黑带也在项目实战中产生了。

“首批每一个项目都是亟待解决的大问题。”刘维成回忆。比如将市场上客户投诉排在前十位的问题找出来，分别设计成项目。到后来，集团每年上半年、下半年都会确定十大核心改善项目，作为黑带项目重点推进；在下面的事业部、工厂层面也实施大量绿带项目，要求员工们积极参与其中。随着瓶颈问题一个个被攻破，这些项目越来越小、也越来越细化了。

5年下来，美的制冷已搭建起了较为完善的六西格玛体系。“品质提升”“精益生产”“运营流程再造”三大类的项目作为支撑这一体系的3根柱子，日益粗壮；项目管理、人才培养的一系列标准建立起来，并形成了制度文件，保障六西格玛持续、系统地开展；通过实战中的培训，集团已拥有黑带82人、绿带292人，培训六西格玛领导120人次，普及培训3 000多人次。

第五节 ISO 9000族标准与质量体系

ISO 9000系列标准是全球性统一的质量管理和质量保证国际标准。为了提高国际间的技术经济合作交流效率，消除国际贸易中因认证体制不同而造成技术壁垒，国际标准化组织（ISO）于1979年成立了质量保证技术委员会（TC176），ISO/TC176于1987年正式发布了ISO 9000系列标准，又称《质量管理和质量保证标准》。1994年又正式发布了新版，它是全球近30年来全面质量管理丰富经验的高度总结，现已成为当代企业推行全面质量管理的规范。

我国政府也十分重视这一标准，我国1987年等效采用了ISO/TC176发布的ISO 9000系列标准，1992年又等同使用了ISO 9000系列标准，1994年等同转化了修订后的ISO 9000系列标准。目前，我国众多企业正在积极努力，通过 ISO 9000 认证。

一、ISO 9000 系列标准内容简介

ISO 9000 系列标准内容多达 20 万字，由 ISO 9000 标准、ISO 9001 标准、ISO 9002 标准、ISO 9003 标准、ISO 9004 标准五个主体标准构成：

1. ISO 9000《质量管理和质量保证标准》

它分为三部分：

（1）ISO 9000-1《质量管理和质量保证标准——第一部分：选择和使用指南》。

（2）ISO 9000-2《质量管理和质量保证标准——第二部分：ISO 9001、9002、9003 的实施导则》。

（3）ISO 9000-3《质量管理和质量保证标准——第三部分：ISO 9001 在软件开发、供应和维护中的的实施导则》。

ISO 9000-1 是整个 ISO 9000 系列标准的总体说明，它阐明了与质量有关的基本概念以及这些概念之间的联系与区别，为 ISO 9000 系列质量管理和质量保证标准的选择和使用提供指南。

2. ISO 9001《质量体系——设计/开发、生产、安装和服务的质量保证模式》

它阐明了从产品的设计/开发开始直到售后服务全过程的质量体系要求。该标准强调统计过程中的质量控制，适用于要求供方质量体系提供具有从合同评审、设计直到售后服务都能进行严格控制能力的证据，以保证这一过程符合规定的质量要求。

3. ISO 9002《质量体系——生产、安装和服务的质量保证模式》

它阐明了从采购开始直到售后服务为止的这一过程的质量体系要求。该标准强调预防为主，要求生产过程质量控制与最终产品的

检验相结合，适用于要求供方质量体系提供具有对生产和服务过程能进行严格控制的能力证明，以保证这一过程符合规定的质量要求。

4. ISO 9003《质量体系——最终检验和试验的质量保证模式》

它阐明了从产品最终检验和试验至成品交付的质量体系要求。该标准强调最终产品的检验和试验，要求供方建立一套完善而有效的检验系统，适用于要求供方质量体系提供对产品最终检验和试验进行严格控制的能力证明，以保证最终检验和试验过程符合规定的质量要求。

5. ISO 9004《质量管理和质量体系要素——指南》

ISO 9004 又分为六个标准，分别为：

（1）ISO 9004-1《质量管理和质量体系要素——第一部分：指南》

（2）ISO 9004-2《质量管理和质量体系要素——第二部分：服务指南》

（3）ISO 9004-3《质量管理和质量体系要素——第三部分：流程性材料指南》

（4）ISO 9004-4《质量管理和质量体系要素——第四部分：质量改进指南》

（5）ISO 9004-5《质量管理和质量体系要素——第五部分：质量计划指南》

（6）ISO 9004-6《质量管理和质量体系要素——第六部分：技术状态管理指南》

ISO 9004-1 是用来帮助企业建立一个健全的质量体系，以提高企业自身的质量管理水平，满足采购方、公正的第三方（认证机构）对企业质量体系评审、认证的需要。其内容比 ISO 9001、ISO 9002、ISO 9003 更全面和更丰富。当然，尽管这一标准具有广泛的适用性，如果遇上了某些具体情况，则需要选用其他分标准进行补充。如对于提供服务或提供有服务成分产品的企业，应辅以 ISO 9004-2 标准；对生产流程性材料产品的企业，应辅以 ISO 9004-3 标准。

二、质量体系认证的意义

质量体系认证是依据产品标准和相应技术要求，经认证机构确认并通过颁发认证证书和认证标准来证明某一产品符合相应标准和相应技术要求的活动。实施 ISO 9000 族标准，可以促进组织质量管理体系的改进和完善，对促进国际经济贸易活动、消除贸易技术壁垒、提高组织的管理水平都能起到良好的作用。质量体系认证对企业意义深远：

1. 有利于提高产品质量，保护消费者利益。现代科学技术飞速发展，是产品向高科技、多功能、精细化和复杂化发展。但是，消费者在采购或使用这些产品时，一般都能在技术上对产品加以鉴别。按 ISO 9000 族标准建立质量管理体系，通过体系的有效利用，可以促进组织持续地改进产品和过程，实现产品质量的稳定和提高。

2. 能够提高组织的运作能力。ISO 9000 族标准鼓励组织在制定、实施质量管理体系时采用过程方法，通过识别和管理众多相互关联的活动，已经对这些活动进行系统的管理和连续的监视与控制，最终提供顾客满意的产品。

3. 有利于增进国际贸易，消除技术壁垒。贯彻 ISO 9000 族标准为国际经济技术合作提供了国际通用的共同语言和准则。取得认证已经成为参与国内和国际贸易，增强竞争力的有效手段。

4. 有利于企业的持续改进和持续满足顾客的需求和愿望。顾客要求产品具有满足其需求和期望的特性，这些需求和期望在产品的技术要求和规范中详细表述。因为顾客的需求和期望是不断变化的，这就促使组织持续地改进产品和流程。

三、质量体系认证程序

质量体系认证分为两个阶段：第一阶段为认证的申请和评定阶段，其主要工作是提出申请、获准认证、取得认证合格证书；第二阶段为对认证的供方质量体系进行日常监督管理，以保证获准认证的供方质量体系在认证有效期内持续符合相应质量体系标准的要求。

质量体系认证的程序如下：

1. 企业向认证机构提出质量认证申请。

2. 认证机构对企业进行非正式调查。

3. 认证机构和企业一起根据需要，从质量保证系列标准（ISO 9000 系列）中选定质量保证模式。

4. 认证机构提出评审费用预算。

5. 企业准备质量手册和质量体系评定附件。

6. 认证机构评定质量体系文件，并通知企业对不符合要求或有重大遗漏之处进行修正与补充。

7. 企业做好准备工作。在进行现场评审前，企业要向认证机构提供与认证有关的文件及有关记录。

8. 认证机构进行现场评审。评审组应在评审结束后将调查结果以书面报告的形式通知企业，并对不符合要求的方面限时进行改正。

9. 企业修改。企业应在规定期限内完成体系的修改，认证机构对修改后的体系作部分或全部评价。

10. 批准注册。经评审组推荐，由认证管理机构确认，即可批准注册，颁发证书，批准企业使用认证管理机构规定的标志。

11. 监督。质量体系评定和注册的有效期一般为三年，在此期间，认证机构根据评定规则严格监督企业的质量体系，以核定质量体系是否持续符合质量体系标准的要求。

12. 重新评定。每隔三年对企业质量体系重新评定，以确定是否延长认证的有效期，确保认证的质量。

四、全面质量管理与 ISO 9000 的对比

1. ISO 9000 与全面质量管理的相同点

首先，两者的管理理论和统计理论基础一致。两者均认为产品质量形成于产品全过程，都要求质量体系贯穿质量形成的全过程；在实现方法上，两者都使用了 PDCA 质量环运行模式。其次，两者都要求对质量实施系统化的管理，都强调“一把手”对质量的管理。再次，两者的最终目的一致，都是为了提高产品质量，满足顾客的需要，都强调任何一个过程都是可以不断改进，不断完善的。

2. ISO 9000 与全面质量管理的不同点

首先，期间目标不一致。全面质量管理质量计划管理活动的目标是改变现状。其作业只限于一次，目标实现后，管理活动也就结束了，下一次计划管理活动，虽然是在上一次计划管理活动的结果的基础上进行的，但绝不是重复与上次相同的作业。而 ISO 9000 质量管理活动的目标是维持标准现状。其目标值为定值。其管理活动是重复相同的方法和作业，使实际工作结果与标准值的偏差量尽量减少。其次，工作中心不同。全面质量管理是以人为中心，ISO 9000 是以标准为中心。再次，两者执行标准及检查方式不同。实施全面质量管理企业所制定的标准是企业结合其自身特点制定的自我约束的管理体制；其检查方主要是企业内部人员，检查方法是考核和评价。ISO 9000 系列标准是国际公认的质量管理体系标准，它是供世界各国共同遵守的准则。贯彻该标准强调的是由公正的第三方对质量体系进行认证，并接受认证机构的监督和检查。

全面质量管理是一个企业“达到长期成功的管理途径”，但成功地推行全面质量管理必须达到一定的条件。对大多数企业来说，直接引入全面质量管理有一定的难度。而 ISO 9000 则是质量管理的基本要求，它只要求企业稳定组织结构，确定质量体系的要素和模式就可以贯彻实施。贯彻 ISO 9000 系列标准和推行全面质量管理之间不存在截然不同的界限，把两者结合起来才是企业质量管理深化发展的方向。

五、ISO 9000 标准与六西格玛管理的对比

六西格玛管理是关于组织经营业绩改进的管理战略和获得突破性改进的科学的方法论。而 ISO 9000 标准标准是关于质量管理体系的一个标准，是质量管理体系建设的基本要求，它告诉组织在建设质量管理体系时，应该考虑的基本方面。许多组织已经通过了 ISO 9000 标准的认证，而这个认证仅向人们表明，组织的质量管理体系达到了 ISO 9000 标准的基本要求。因此，六西格玛管理和 ISO 9000 标准适用于不同的目的。

实现 ISO 9000 标准认证更多地需要从战略层次是考虑问题，对于持续改进思想只给出了原则和要求，并没有告诉人们怎么做，仅仅为如何寻求改进机会，以及为确保持续改进过程的有效性和效率提供指南。六西格玛管理法制则不然，它基本上属于项目驱动型的改进方法，不仅告诉人们如何倡导持续改进的理念，如何形成持续改进的企业文化，还告诉人们如何进行持续改进，有系统的方法论，以及持续改进能够给企业带来什么好处。六西格玛强化了公司持续改进的理念，使得企业的管理体系更加完善。其不足之处是缺少内在的战略，使得它容易失去改进的战略方向，且需要较长的时间识别改进目标。但项目驱动方法的好处在于，它一开始就可以从最低

层次的具体项目开始突破，以小的改变促成大的改革，而不必一下对整个企业进行根本改革，易于为企业各方面所接受。

【延伸阅读】

从“扁鹊自责”看质量管理

魏文王问名医扁鹊说：“你们家兄弟三人，都精于医术，到底哪一位医术最好呢?”扁鹊答说：“长兄最好，中兄次之，我最差。”文王吃惊地问：“你的名气最大，为何反长兄医术最高呢?”扁鹊惭愧地说：“我扁鹊治病，是治病于病情严重之时。一般人都看到我在经脉上穿针管来放血、在皮肤上敷药等大手术，所以以为我的医术高明，名气因此响遍全国。我中兄治病，是治病于病情初起之时。一般人以为他只能治轻微的小病，所以他的名气只及于本乡里。而我长兄治病，是治病于病情发作之前。由于一般人不知道他事先能铲除病因，所以觉得他水平一般，但在行家看来他水平最高。”

质量管理如同医生看病，治标不能忘固本。许多企业悬挂着“质量是企业的生命”的标语，而现实中存在“头疼医头、脚疼医脚”的质量管理误区。造成“重结果轻过程”现象是因为：结果管理者因为改正了管理错误，得到员工和领导的认可；而默默无闻的程序控制者不容易引起员工和领导的重视。最终导致管理者对表面文章乐此不疲，而对预防式的事前控制和事中控制敬而远之。

既然事前控制和事中控制如此重要，那如何提高事前控制和事中控制的执行力呢?

首先，从上到下应当有很强的全程质量管理意识。一般管理者都明白全程质量管理的重要性，但为什么在实际操作中容易疏忽程序控制呢？原因基本是因为追求一时的经济效益，放弃了对质量的控制。决策者一句“不出大问题就行，要力保本月产量”的话，就会立刻把员工多年辛辛苦苦培养起来的质量观念击垮。殊不知，决策者的错误决定会导致“失之毫厘，谬以千里”。这种决定是中层管理者和员工无论如何努力都无法改变的。可见决策者观念在质量管理中的作用有多重要。决策者有了全程质量管理意识，还要让中层和员工形成良好的全程质量管理意识。每个下游环节员工就是上游环节的质量监督员，出现质量问题要及时反馈给上游，杜绝不合格产品从自己手中流入下个生产环节。

其次，每个环节都制定详细的质量管理标准。从产品开发、工艺流程设计到原料采购，从第一道工序到产品下线，从装箱到运输，每个环节必须制定详细的、可控制的管理标准。事前控制的重点放在产品开发和标准制定上。技术和标准一旦出现失误会给质量管理带来很大麻烦，因此应当从根本上尽量减少质量事故、降低质量管理难度。事中控制主要指从原料进厂到产品下线期间，按照工艺标准进行质量监督的过程，也是质量管理的核心工作。事中控制要求严格检查、及时反馈、及时整改，如运用 SPC 过程控制系统对质量关键点进行控制。事后控制的重点是确保每个产品合格并把不合格产品及时反馈给制造部门进行返工。

再次，用业绩考核改变公司不利局面。之所以出现“重结果轻过程”现象的根本原因是质量工作没有真正与个人收入挂钩。业绩考核应当与每人的个人收入挂钩，考核是质量管理的杠杆。不能只对质检人员的检验标准，放弃了对制造部门员工质量的考核。许多企业只考核制造人员的产量而不考核质量，管理者应当根据企业的实际状况制定制造人员的产量和质量权重系数，进行双重考核。如果缺乏中间制造环节的质量考核，势必把质量问题都丢给最后一个环节品质部门。不但造成资源浪费，而且造成部门间相互扯皮。

第四，客户和员工是最好的质量改善者。客户是产品质量的裁判。应当及时对客户反馈的意见进行调查和整改。客户的不满是企业改进的方向，提高客户的满意度和忠诚度是企业长兴不衰的法宝。员工是产品质量的一线情报员，他们熟悉制造环节的每一个细节，调动他们的积极性和主动性是改善质量的最好措施。建议企业设立“质量之星”评选制度，对产品质量重视的员工进行奖励，会激励更多员工加强质量管理。此外，建议设立专项奖金奖励努力改善产品质量和工艺流程的员工。

本章小结

创业的知识准备	
质量与管理	•
全面质量管理	•
六西格玛质量管理测算与度量	•
ISO 9000 族标准的内容	•

课后思考题

根据本章所讲的内容回答下面两个问题：

（1）质量管理的工具有哪些？

（2）自选材料，说明如何运用六西格玛管理的方法。

实训题

结合创业企业实际，简述进行全面质量管理的工作思路和关键点。

第五章

与环境和谐发展：企业公共关系管理

学习目标：

通过本章的学习，你将能够了解：

企业公共关系的定义和特征

企业内部和外部有什么样的公共关系

企业公共关系的过程

> 我认为做企业要有这些素质，特别在中国市场上，那就是：诗人的想象力、科学家的敏锐、哲学家的头脑、战略家的本领。
>
> ——宋庆后

第一节　企业公共关系的内涵

一、企业公共关系的定义

企业公共关系，是指企业在运营过程中，有意识、有计划地与社会公众进行信息双向交流及行为互动的过程，以增进社会公众的理解、信任和支持，达到企业与社会协调发展的目的。

在这里，社会公众并不是一个宽泛的概念，而是有其特定的含义，即对企业具有直接影响与作用的社会群体。具体可以分为企业外部公众和内部公众。

二、企业公共关系的职能

公共关系作为企业管理的一个重要方面，是通过以下方面的具体职能体现出来：

1. 信息搜集职能。信息搜集、整理、分析与评估的作用，在于监测企业的外部环境的变化，以便企业与外部环境的变化保持动态的平衡。企业必须对外部环境的变化保持高度敏感性，特别是对其中潜在的问题和危机及时发出预报，并能够随机应变，采取科学的对策，企业才能顺利运营。

从企业公共关系角度处理信息资源，基本包括以下两方面内容：

（1）企业公共关系的形象信息。企业公共关系收集的信息是企业的公众形象信息，即了解公众对企业产品、行为、政策、人员等各方面的印象、看法、意见和态度以及企业在公众中的形象。具体包括产品与服务形象信息和企业形象信息。

（2）企业公共关系中的公众环境信息。企业公共关系收集信息的目的是监测环境的变化，以便提高企业的应变能力。因此公众环境信息是企业公共关系收集信息的一个极其重要的方面。它具体包括：目标公众变化的信息和社会环境的动态信息两个具体内容。充分了解这方面的变化，企业既可以抓住机会，又可以及时规避风险。

2. 决策咨询职能。公共关系在企业的运营过程中，起到咨询、建议和参谋等作用。这是由于企业公共关系活动所处的特定地位所决定的。企业公共关系对企业决策的影响与作用，立足于从社会公众、企业形象和传播沟通的角度，为企业决策者提供咨询服务和参谋作用。

3. 传播推广职能。公众对企业的了解、信任与支持，都同企业公共关系部门传播推广的作用大小密切相关。企业公关部门通过运用各种传播媒介，将企业的经营宗旨、目标、方针、战略等信息，及时传递给公众，求得社会各界的理解和认同，进而争取公众的关心与支持。

4. 协调沟通职能。企业的运营面对错综复杂的社会、经济与人际关系。因此，建立一种有效的协调沟通机制，是企业公关的一项最基本的职能。它能起到减少矛盾、调解冲突、疏通渠道、发展关系的诸多作用。

三、企业内部公共关系

企业内部公共关系是指企业与员工、经营管理者、企业各部门以及股东之间的关系。团结是企业内部公共关系的基本目标。

1. 员工关系。它是指企业内部的人际关系。员工关系是企业内部公共关系中最基本、最重要的关系。员工关系的重要作用体现于：①决定着企业各项目标的实现；②体现企业的素质和形象；③决定着企业的管理效能。

创造和谐的员工关系，必须要做到：①满足员工物质和精神需求；②实行民主管理，调动员工积极性；③加强信息沟通，减少矛盾与摩擦；④培育企业文化，增强企业凝聚力。

2. 领导层内部的关系，即企业经营管理者之间的人际关系。现代企业的领导者通常是由具有一定的层次结构组成的集体，又称之为领导层。其内部关系如何，对企业各方面的影响重大。

要形成良好的领导层内部的关系，应做到：①明确职责范围，分工又合作；②互相尊重、互相信任；③沟通情况，增进理解。

3. 部门关系。企业内部各部门是联系企业与员工的中介，又是企业运营的关键环节。加强部门之间的关系协调，关键在于信息的沟通。可以采取职工大会、文件传达与情况通报、内部刊物、座谈会、茶话会、建议制度等诸多形式实现充分的信息交流，以达到相互理解、信任与合作的目的。

4. 股东关系。股东关系是股份制企业内部关系的一种形式。这种关系处理得当与否，对企业的发展有直接的影响。只有尊重股东权益，让股东充分了解企业的客观经营情况，才能增进股东的信任与支持；同时开展良好的股东关系活动，通过各种形式保持企业和股东密切的信息沟通和情感联系，使股东关心和支持企业发展。

四、企业外部公共关系

它是指企业与社会公众，主要是与消费者之间的关系。主要包括：

1. 顾客关系。它是企业外部公共关系中最重要的关系。这是由企业的经营性质所决定的。企业与顾客不仅仅是商品交换上的经济利益关系，同时还广泛存在信息交流、情感沟通等多方面的社会关系。

与顾客保持良好关系的主要方法有：①提供优质商品与服务。②创新经营，指导消费。③妥善处理顾客投诉。④强化信息交流与情感沟通。

2. 社区关系。它是指企业与所在地居民及其他社会组织的关系。社区对企业而言，既是企业的生存空间，又是企业的服务对象，因而具有公共关系上的重要性。

协调社区关系的主要方法有：①增进相互了解。②维护社区环境。③支持社区公益活动。④促进社区繁荣。

3. 新闻界关系。它是指企业与新闻传播机构、新闻界人士的关系。与其他外部公众相比，从公关的角度看，其特征为：①非经济性。即除商业广告外，企业与新闻界的关系是非经济导向的。换而言之，企业不能用经济利益关系去处理与新闻媒介的关系。②舆论导向性。这使得企业极其重视新闻媒体在提高企业知名度、树立企业形象等方面的作用。

与新闻界协调关系的主要方法有：①主动提供新闻。②适时召开新闻发布会。③利用新闻媒体做广告。④保持长期联系。

4. 供应商关系。它是指企业与各类生产、流通企业之间的协作关系。处理这方面关系的原则是：互惠互利，加强协作。通过建立信息交流制度，实现信息共享；密切人际交往关系，增加信任与了解。

5. 政府部门关系。它是指企业与政府主管部门及工商、税收、财政、物价、环保、卫生、审计等部门的关系。企业照章纳税，守法经营，并加强与政府各部门的信息沟通，争取政府各部门的支持，是企业处理好与政府关系的基本要求。

6. 竞争者关系。它是指企业与同行企业的关系。企业必须树立公平竞争的观念，用公平竞争的方式参与竞争，决不采取不正当竞争手段去排斥对手。

7. 社会名流关系。它是指企业与那些对公众舆论和社会生活有较大影响力的人物之间的关系。与社会名流建立良好的公共关系，有助于企业扩大社会交往范围，提高企业知名度；有助于利用其专长提高企业经营管理水平；有助于企业扩大市场影响力。

案例 5—1　　绑的公关策略

绑的公关策略是社会学家、公共关系学者艾君 1993 年提出的一种公共关系宣传策略。

在1994年由现代出版社出版的《当代生意经》中艾君这样表述，绑的公关策略针对如何提高组织和个人的知名度，策动有效的宣传攻势，一夜间成名是一种行之有效的宣传策略。其手段就是“制造新闻”和“巧妙参与利用新闻”。

艾君用绑的公关策略最早策划的成功范例就是1992年，我国首例演艺界版权纠纷案。艾君将这一纠纷案捆绑在另一纠纷案后，借以引起媒体的关注。艾君决定代理此事，然后聘请巩沙作为律师，而其刚刚为国内一知名歌手作代理律师，认为一定会成为记者们追踪的新闻点。名律师打名人官司必有好戏看，而且好戏连台，一曲未终，又上演一曲，且全都是新闻点。事实证明其判断是正确的，人民、光明、中青、法制等几十家媒体纷纷要求首发。整个版权纠纷案进行很顺利，最后以胜诉为结束。

此案表明，“绑”的公关策略技巧：其手段即制造有利于宣传的新闻事件；寻找事件或者轰动新闻巧妙穿插“绑在一起”，让记者感兴趣并且文章里将你扔不掉，脱不开，起到宣传效果。

资料来源：艾君．当代生意经．北京：现代出版社，1994

第二节　企业公共关系的过程

从企业公共关系的过程看，可分为以下四个步骤：

1. 公共关系调查。主要是收集和分析信息，以了解企业公共关系现状，明确企业公共关系的问题和目标。企业在公众中的知名度与美誉度是调查的重点内容，据此可发现问题、找出差距、明确目的。

2. 确定公共关系目标，制定公共关系计划。它是在前期调研基础上形成的，为达到既定公共关系目标的行动规划。公共关系目标的确定，应符合以下三个要求：目标的确定性，目标的具体性和目标的可操作性。

企业的公共关系目标可分为三个层次：第一层次是最低目标，即消除公众对企业的不良评价和印象；第二层次为中间目标，即扩大企业在公众中的知名度；第三层次是最高目标，即提高企业的美誉度。在设定公共目标后，要形成可操作的具体计划，以此为实现目标的有力手段和保障。

3. 实施公共关系计划。其主要任务是协调各方面关系形成合力，以确保计划按时间安排、内容要求圆满完成。要提高计划实施的成功率，就应有效排除实施中的各种障碍。

在计划实施过程中，通常遇到企业自身障碍、公共关系计划自身的障碍和沟通障碍。在实施过程中，可以针对不同情况，选择战略型公共关系模式和战术性公共关系模式作为实现计划目标的有效手段。

4. 公共关系评估。它是整个公共关系策划过程的最后一个步骤，又是新一轮公共关系工作的起点。评估过程的三个环节是：①明确评估标准；②衡量公共关系工作绩效；③纠正工作偏差，确定下一个工作过程。

【延伸阅读】

莫把“危机公关”当灵药

2008 年各种负面新闻不少。仅就食品安全而言，前有三聚氰胺奶粉，后有大小实蝇柑橘，接着又出了含毒鸡蛋。于是，危机公关再次成为有关部门和企业的紧急公务。随手搜索一下“危机公关”4个字，可找到相关网页约108万篇，可见其热。

客观地说，危机公关是在一个开放性的社会中，企业、社团乃至政府部门等不得不面对的一个现实话题。就企业而言，所谓危机公关，就是在由于企业管理不善、同行竞争甚至遭遇恶意破坏或者是外界特殊事件的影响，而给企业或品牌带来危机时，企业针对危机所采取的一系列自救行动，包括消除影响、恢复形象。

我们每每看到，当一些我们不愿看到却又不得不面对的危机来临时，相关部门进行危机公关，采取积极的态度进行一系列的自救行动。尤其是按照现在政府一再倡导的信息公开，通过权威媒体进行正确的舆论引导，为百姓释疑解惑。接着是一系列的整顿、治理、处罚、修订标准等措施，走到这一步，危机的处理基本也就算告一段落。企业或相关单位形象受损得到有效控制，群众情绪逐步稳定。亡羊补牢，皆大欢喜。

然而不幸的是，现实中的危机公关有时却不一定就是如此，尤其是目标偏移，不是信息公开、释疑解惑，而是千方百计封堵，打招呼、送封口费，无所不用其极。于是，甚至形成了山西矿难所暴露出的那种丑恶“食物链”。一些人因为屡试不爽，便将这种变了味的“危机公关”当做利器，兵来将挡，水来土掩，不论暴露什么问题，似乎都能借此化解。其结果，有时如了他们的心愿；有时却事与愿违，危机公关引发了更大的公关危机。

就以近期的一些事件为例。在山西溃坝事件中，当地政府的第一反应不是公开信息，而是设法瞒报，甚至由当地宣传部门官员出面撒谎，把毛毛细雨说成是引发灾难的洪水。结果是真相大白后一批官员丢官。还有四川柑橘事件，短信早已遍传，当地政府才出来说明，而且第一时间大放宏声要追查消息源头，结果使得一个很普通的水果虫害事件迅速发酵，导致各地柑橘滞销众多果农受害。

如此重视乃至滥用危机公关，其实反映了一个更值得深思的问题，那就是一些官员和企业家心目中的思维混乱因果倒置。古语说："问渠哪得清如许，为有源头活水来。"危机公关有效却有限，它本是不得已时的一种应急手段。要避免种种危机出现，根本的还是"关口前移，源头治理"。我们的一些行业、部门不注重事先抓源头，放弃应有的职责，缺少应有的担当，总是等到一渠清水变成浑水、脏水，等到问题暴露、危机发生时才被迫去解决问题，挽回损失，难度自然陡增，损失难免放大，疲于奔命、处处被动是预料中的事。而且经验告诉我们，事后采取补救措施的代价往往是预防时的数倍。

还以最近的这些事件为例，作为相关行业、部门，事后亡羊补牢、尽最大限度减少损失固然重要也很有必要，但事前他们都干什么去了?！再小的损失不也是对人民群众、对社会、经济发展乃至国家形象的伤害?！

网络时代，危机一旦爆发，其破坏性的能量会被迅速释放，公众的焦虑和恐惧就会无限放大，其杀伤力那是相当的大，往往是毁灭性的。进行危机公关，是必须的，但只能算是"亡羊"之后的补救之策。作为相关行业和部门，只抓"补牢"实属本末倒置。管理最忌讳的就是头痛医头脚痛医脚，这样只会永远被"危机"牵着鼻子走。凡事预则立，如果总是把危机公关当成灵药，那么我们完全可以预料的是，它的"大显身手"，就等于危机和事件仍然难以有效减少和避免。

第三节　企业公共关系的策划

一、公共关系策划概念

公共关系策划指为达成组织目标，公关人员在充分进行环境分析调查的基础上，对总体公关战略及具体公关活动所进行的谋略、计划和设计过程。公关策划的核心，就是解决以下三个问题：一是如何寻求传播沟通的内容和公众易于接受的方式；二是如何提高传播沟通的效能；三是如何完备公关工作体系。包括以下 5 个要素：

1. 策划者

公关策划者的能力、水平、责任心和奉献精神决定着公关的成败。面对同样的策划对象，处在相同的策划环境中，由于策划者的不同，效果可能大相径庭。

2. 策划目标，是公关策划人员通过策划活动最终解决的问题和达到的目的。

3. 公关策划对象，即目标公众。

4. 策划内容。高层次：总体宏观的战略规划的设计构思；亚层次：公关实务专题活动策划；表层次：具体的操作性的公关活动。

5. 策划结果——公关策划方案，是策划者在充分调查、了解策划对象的现状和需求的基础上，为了实现策划目标而精心设计的公关实施细则和设计方案。

二、公关策划的程序

1. 分析公共关系现状。审核已收集的公关资料，分析公关现状；

明确公共关系存在的主要问题及原因；了解企业形象的选择和规划。

2. 确定公共关系目标。

3. 选择和分析目标公众。

4. 制定公关行动方案。主要涉及以下基本问题：做些什么？怎么做？谁来做？什么时候做？

5. 编制公关预算。一是基本费用，人工、办公经费、器材费；二是活动费用，如招待费、庆典活动、广告、交际应酬等。

三、公关策划的技巧

1. 目标一定要量化

公关活动特别是大型公关活动往往耗费很多人力、物力、财力资源。没有目标而耗费巨资做活动是不可取的，目标不明确是不值得的。所谓的量化，就是目标具体到多少人参加活动，多少人收看广告，网络新闻和活动的点击率等。

2. 集中传播一个卖点

公关活动是展示企业品牌形象的平台，不是一般的促销活动，要确定活动卖点（主题），并以卖点作为策划的依据和主线。只有提炼一个鲜明的卖点，创造公关活动的“眼”并传播，才能把有关资源整合起来，从而完成活动目标。这里的卖点是公关活动环节设计中最精彩、最具传神的地方，是活动事隔多年，情节大多被人淡忘，但仍能让人记起的一个情节。公关活动策划需要创造这样一个精彩的高潮，要把这个高潮环节设计得更有唯一性、相关性、易于传播性。当然，集中传播一个卖点，并不是只传播一条信息，而是把活动目标和目标公众两项因素结合起来，重点突出一个卖点，提高活动的有效性。

3. 没有调查就没有发言权

国内不少公关公司做公关活动，因缺乏公众研究意识或公众研究水平有限、代理费少、时间紧等原因，省略公众调查这一重要工作环节已是司空见惯的事情。但是，只有摸清自己的优劣势，洞悉公众心理与需求，掌握竞争对手的市场动态，进行综合分析与预测，才能扬长避短，调整自身公关策略，赢得公关活动的成功。公关实践表明，公关活动的可行性、经费预算、公众分布、场地交通情况、相关政策法规等都应进行详细调查，然后进行比较，形成分析报告，最后作出客观决策。

4. 策划要周全，操作要严密

公关活动不是拍电影、电视，不能重来，每一次都是现场直播，一旦出现失误无法弥补，绝不能掉以轻心。

5. 化危机为机遇

大型公关活动有一定的不可确定性，为了杜绝意外事件发生，公关人员在策划与实施的过程中要抱有强烈的危机意识，充分预测到有可能发生的各种风险，并制定出相应的对策。只有排除了所有风险，制定出的策划方案才有实现的保障。发生紧急事件时，要随机应变，不要手忙脚乱，不要抱怨，应保持头脑清醒，要冷静，迅速查明原因并确认事实的真相。已造成负面影响的，一种方法是及时向公众道歉，防止再发生，不同媒体建立对立关系，避免负面报道，策略性处理媒介与公众关系，否则修复较难；另一方法是，化危机为机遇，借助突发事件扩大传播范围，借助舆论传播诚意，争取公众的支持，反被动为主动。

案例 5—2　久久丫：网络传播再创“世界杯奇迹”

4 年前，汇志传媒策划媒体传播加终端配合的组合拳，打响了“看世界杯、啃久久丫”的口号，助力久久丫取得一个月销售额同比翻数倍的销售神话。

4 年后，2010 年世界杯期间，汇志传媒综合运用了视频网站推广、论坛炒作、网络专题等多种网络传播手段，展开高黏性的贴身传播。其中，与上海宽带山、杭州 19 楼社区的合作活动，参与人数逾万名，精准覆盖区域人群；在酷 6 和 56 网分别策划出点击 50 多万和近百万点击的品牌信息相关视频；与天涯体育合作，重磅推出“五文弄墨——快乐再续世界杯”专题活动，2 万名左右网友在线参与互动讨论，久久丫“体育营销专家”的形象也由此深入人心。此外，汇志还借力门户网站的世界杯专题，密集发稿近百篇。

尽管竞争格局和四年前已有很大不同，但粗略估算下来，久久丫世界杯月期间全国销售额仍实现了 4 成以上的同比增幅。

第四节 企业公共关系计划实施的模式

企业公共关系活动是由既定的目标、任务和手段构成的完整系统。从企业公关活动的一般性或普遍性要求出发，有与之基本相适应的企业公关活动模式。以下从两个最主要的方面加以说明：

一、企业公共关系活动的战略型模式

它是基于企业在不同时期的发展要求与战略目标的实现而采取的公共关系活动模式。

1. 建设型公共关系。它适用于企业初创时期；新产品与新服务

首次推出时；企业实施重大变革与创新时期；企业新形象树立时期等条件。其目的在于提高企业的知名度和美誉度，在社会公众中形成良好的第一印象。具体形式包括：开业庆典、新产品与新服务推介、开业折价酬宾等。

2. 维系型公共关系。即指企业在稳定发展时期，以保持和巩固良好公共关系的做法。它适用于企业在公众中已有一定的知名度和美誉度，发展较为平稳的情况。其目的在于维持知名度、巩固美誉度，并以中低姿态行为为手段。主要形式有联谊会、公关广告、新闻宣传等。维系型公共关系通过信息沟通与情感联系，追求潜移默化的长期效果。

3. 进攻型公共关系。它是指以开创、推进有利于企业发展、进取为目标的公共关系活动。其特点是以积极主动的姿态，力求在短时间内造成较大的影响。这就需要企业抓住一切有利时机，利用一切可利用的公关手段，以达到完满的效果。

4. 防御型公共关系。它是指企业为预防自身的公共关系可能失调而采取的公共关系活动。其目的是防患于未然，将潜在危机和问题加以事先的消除。这就需要强化对环境的监测，以便及时发现问题与隐患，继而运用有效的手段加以解决。

5. 矫正型公共关系。它是指企业公共关系出现不利局面或面临严重的公共关系危机时，而采取的旨在克服不利局面，消除危机的公共关系活动。企业发生公共关系危机，使企业形象受损的原因主要有两个：一是由企业自身原因造成的，如服务问题、经营观念问题。对于这类问题，企业应坦诚相见，承认错误，说明真相，以求得公众的谅解与合作，目的是协调关系，化解危机。二是企业外部原因造成的，一种情况是由公众对企业的误解造成的，对此企业要向公众澄清事实，消除误解，才能恢复企业的良好形象；另一种情况是其他社会组织或竞争对手有意无意构成对企业的歪曲甚至陷害所致，对此企业应及时采取措施，查明真相，公布于众，以正视听，并在必要时追究其责任，以挽回企业的信誉。

二、企业公共关系活动的战术型模式

企业公共关系的战略模式是依从其自身发展的不同阶段来确定的，企业公共关系的战术模式主要是针对企业公共关系的对象与功能来确定的。常用的战术型公共关系模式有：

1. 宣传型公共关系。是指通过各种传播媒介和内部沟通方法，充分开展宣传活动，以获得公众的好感和认同，树立良好的企业形象。根据对象之不同，此模式又分为对内宣传和对外宣传两种形式。

对内宣传主要目的是让员工等内部公众了解企业发展中的各种情况，以便鼓舞士气取得谅解与支持。常用的媒介有：企业内部刊物、宣传窗、讨论会等。

对外宣传主要目的是让外部公众及时、充分了解对企业有利的有关信息，形成良好的社会印象和认同。其形式有不借助媒体的宣传，如举办展览会，技术交流会等；借助媒体的宣传，一是花钱做广告，二是不付费的宣传，如新闻报道、记者专访、专题通讯等。

2. 交际型公共关系。是指以直接的人际交往行为进行的公共关系活动。其目的是加强企业与社会的联系，沟通信息、增进感情，以形成有利于企业发展的人际环境。其特点是直接、灵活和富有人情味；其方式有团体交际和个人交际两种；具体形式有联谊会、座谈会、招待会、舞会等。

3. 服务型公共关系。是指以提供优质服务、实惠服务为主要手段的公共关系活动。目的是用实际行动来获得公众的好评。服务型公共关系活动包括商品信息咨询、商品展销、售后和附加服务等。

4. 社会型公共关系。是指企业举办或资助各种社会性、公益性活动而开展的公共关系活动。目的是扩大企业影响，提升企业良好社会声誉。具体形式有：赞助教育与福利事业、参与社区公益活动、支持文体活动等。

5. 征询型公共关系。是指以收集社会信息为主要内容的公共关系活动。通过信息采集、舆论调查、民意测验等工作，为企业经营管理决策提供咨询，使企业适应市场变化与公众的期望。

如果将征询型公共关系抛开不论，它实质上属于企业公共关系调查的范围。那么，前述四种公共关系模式可分为两类：一类主要是“做”给公众看，即实干型，服务型与社会型公共关系属于此类；另一类主要是“说”给公众听，即传播型、宣传型和交际型公共关系属于此类。

【延伸阅读】

沟通创造价值：雪茄联合会危机公关

美国雪茄制造商曾经面临着一场巨大的行业危机。由于政府立法明确禁止香烟制造商在许多公众媒体上刊登广告，同时民间的反对吸烟的呼声也日益高涨，一场又一场规模浩大的反对吸烟的示威活动，将雪茄制造商推到进退维谷、四面楚歌的境地：雪茄在公众心目中的负面形象不断加强、而新产品的良性信息却无法向公众传达。在短短三个月时间中，整个美国雪茄的销售量下降了三成，行业面临着全面萎缩的危险。

作为媒体最大的广告商之一，雪茄制造商多年来一直都是依靠巨额的广告量去打开市场销路，建立产品的优势。但现在，他们忽然间发现一直赖以生存的道路越来越窄，不仅信息宣传渠道锐减，同时社会反对的呼声不断上升，整个行业要何去何从？

美国雪茄联合会临危出马，与本土一家优秀的公关公司合作，通过一系列的公关宣传方案，力挽狂澜，试图将这种不利的局势扭转过来。雪茄联合会明白，决定雪茄制造商未来生死的不是政策、法规、竞争等其他因素，而是人们对雪茄的看法以及雪茄在人们心目中的形象。要改变人们对雪茄的一向的负面印象、建立雪茄良好的社会与产品形象，当务之急就是要在雪茄与社会公众之间建立起某种情感的联系，而这就要依靠活动、传播、事件等一系列的公关方案，去完成与社会公众之间的情感沟通。

在公关方案中，雪茄联合会首先突出了雪茄与人生幽默之间的本质联系，表现吸雪茄者在面对人生逆境时，那种敢于自嘲、坦然面对的勇气，同时更重要的是突出雪茄深层次的功能：吸雪茄是一种精神放松的最好表达方式。针对以上主题，他们采取了一系列主题明确但又表现巧妙的公关活动。比如举行了“吐温之夜”，借助模仿著名作家马克·吐温这个勇敢、智慧、幽默的雪茄爱好者的形象，来表现吸食雪茄者同样乐观勇敢的个性，引起了目标客户的强烈共鸣。

凭借社会公众对马克·吐温的喜爱与尊敬，雪茄联合会巧妙地将这种情感延伸到雪茄之上，极大地激发了吸雪茄者的内心尊严，也表达了“只有成功者才会吸雪茄”的理念，引发许多雪茄爱好者甚至非雪茄爱好者内心的共鸣。

由于长期以来，美国民间有一项古老的民俗，刚做父亲的男性会向自己周围的亲朋好友赠送雪茄，表达自己的兴奋而又紧张的心理感受，但是这项传统正在逐渐衰落。所以雪茄联合会抓住这项古老的民俗，将其灌入现代的表达情感，举办了“放松点，吸根雪茄吧”与“雪茄情人节”等活动，将雪茄的定位为人们情绪舒缓的最佳表达方式。这些活动不仅吸引了大批的参与者，更是唤起许多人内心潜藏着的某种怀旧的情结。

在活动的辅助下，雪茄协会又通过新闻传媒，借助雪茄爱好者之口，向公众表达雪茄在生活中不可或缺的作用——面包是身体的食粮，而雪茄则是精神的食粮。这些宣传得到众多雪茄爱好者的认可。

在雪茄联合会系列公共关系方案实施三个月后，不仅民间反对吸雪茄的呼声减弱了许多，同时整个美国的雪茄销售激增近三成。在广告失效的时候，公共关系显示出了惊人的作用。

第五节　企业公共关系计划实施的评估

公共关系评估是整个公共关系过程的最后一个步骤，又是新一轮公共关系工作的起点。评估的目的是在肯定成绩的同时发现新的问题，以便不断调整组织的公关目标、公关政策和公关行为，使组织的公共关系工作成为有计划的持续的过程。

一、企业公共关系活动的评估过程

1. 明确评估标准

它是对公关计划实施过程与结果的客观衡量尺度。评估标准不明确或含糊不清，就无法对公共计划的最终结果作出切合实际的判断。因此，明确评估标准是进行科学评估的基础性条件。

2. 衡量公共关系工作绩效

依据评估标准对公关过程是否按计划与目标要求进行，以及其带来的社会效益与经济效益进行判断、估价。

3. 纠正工作偏差，确定下一个工作过程

企业公共关系活动是一个持续不断的过程，评估的目的是在总结经验、发现问题的基础上，为新的公关活动奠定良好的基础。

二、企业公共关系效果的评估

1. 选定公共关系工作的目标

区分或者明确目标是评估公共关系工作效果的第一个纬度，比方说同是一个会射箭的人，如果他今天的任务是射箭靶，那准确度是最关键的，评估的结果是射了多少环；如果其任务是打猎，那评估其结果是看猎获了多少只猎物。

企业对公共关系的投入，或者说公共关系部门的预算，大部分情况下是几种目标同时存在的，企业往往会根据自身的发展阶段、行业特点等赋予公关部门不同的职责范围，通常包括对销售的支持、对企业声誉的帮助、对品牌形象的管理、跟关键利益关系群体关系的维护、对企业新闻发言人的培训、对危机传播的管理等，对于很多大型的企业，这些职责是都需要的，而对于某些成长期的企业，可能只是用到其中一个或者几个，支持销售是最常见的，企业往往会把公关手段视为成本较低的营销手段。但无论如何，说到对公共关系效果的评估，首先需要界定的是公关的目标是什么？就像那个射箭选手一样，目标不同，评估的方法和指标有着天壤之别。

案例 5—3

APC 是一家销售不间断电源的专业化 IT 公司，其公关部门是设在市场部下面，部门的工作目标是维护品牌在客户中的形象。在这样的目标下，APC选择了年终问卷调查的方式来评估一年的工作，评估的标准是看不间断电源的用户群中，APC的品牌形象在所有竞争厂商中所处的位置。

索爱的公共关系部门相对独立，管辖着媒介传播和市场活动，公关的职能聚焦在支持销售，因此，有多少顾客是因为在媒体上看到有关索爱的报道而选择购买了索爱的产品，是评估公关绩效的重要指标。

2. 处理好局部与整体的关系

应该从局部到整体两个角度同时来评估公关的效果。首先要评估整体的效果，没有整体，局部再美也是枉然。其次也要看局部，整体是每一个局部拼接而成的。公关方案中的每一项是否做得很出色，新闻发布、事件策划、活动管理等，信息表达清晰准确，项目执行到位，才有可能带来整体的传播效果，同时还要考察项目之间的关联性和配合，对局部的有效评估。

在任何一个类似“最受尊敬的企业”“最佳社会声誉”评选中，IBM都会榜上有名，毫无疑问，IBM公关部的整体目标实现得很完美。但是IBM依然非常注重每一个传播活动的效果评估，细到一篇文章和一个采访，都会有完备的评估方法，考量信息的准确性和传播对象的匹配。从项目之间的关联性和配合上，IBM提出的“One Voice”和“One Image”原则则体现了局部服务整体的观念，因此，IBM做到如此好的社会形象就不奇怪了。

3. 关注过程才能达到好的结果

对公关的效果评估，如果最终结果的输出是企业的良好社会声誉的话，那么这个结果的达致是有一个过程的，过程中每一个策划、每一个传播战役互相叠加或者彼此抵消，最终得到社会的一个综合评价。没有最后结果的预期和评价不行，但没有对过程的评估亦不行，毕竟只有不断地纠正过程中的方向才能达致最终结果。

在这个纬度失败的案例很多，最典型的是那些已经倒下的“标王”们，秦池、爱多……一个战役的成功，并不意味着最后的胜利。可口可乐赞助奥运已经有长达 70 年的历史，已经不可能像联想成为奥运 Top 赞助商、蒙牛赞助超女那样吸引眼球和轰动效应，但正是在 70 年的漫漫征程中，可口可乐做到了锲而不舍和每一次的精准到位，才成就了世界领先的品牌。

4. 定性与定量

说公共关系是科学加艺术，大概没有人会提出疑义，写了多少篇公关文章、发到了多少个媒体、收到多少篇剪报、举行了多少次活动、现场来了多少人、事后有多少反馈电话……这些都是可以定量来计算出数字的；对于关键信息提炼得是否准确、表达的是否到位和新颖、到会媒体是否有效覆盖目标受众、参加活动的人是否匹配传播的目的、活动策划的创意性有多高等则只能通过定性的方式来评估。

讲故事是最常用的公关手法，媒体发稿更是最常用的传播手段，企业的公关部和公关公司每天都在挖空心思找故事和发稿件。张瑞敏砸冰箱的故事大家都耳熟能详，在 Google 上同时输入“海尔”和“砸冰箱”两个关键词，你立刻可以找到 9 450 篇相关报道。更说明问题的 IBM 的“人机大战”，在 Google 上你可以找到多达 19 万篇相关报道。主动的传播让故事为人所知，同时艺术化的创意则让传播倍增而广为传颂。

5. 纵向与横向比较

IBM 的营销部门定计划时，除了有具体的销售额指标外，还有一个重要的指标就是市场份额，而其传播部门定计划时，则把印象份额放在第一位，投入产出比固然重要，占据领先更加重要。微软的 Windows 操作系统，每隔一段时间，就要出一个补丁程序，来修补源程序中的漏洞，可见如果纵向评估的话，Windows 还有很大的提高余地。但是这并不妨碍它占据着操作系统领域的绝对优势。

对自身的评估是为了未来做得更好，但有没有必要更好，或者要好到什么程度则需要进行横向的评估，因为并不是做得无限制好就是对的，更好一定意味着更高的成本。

6. 第三方评估的作用

不管评估的内容和方法如何，最终都需要解决的一个问题到底是由谁来评估？谁来评估决定了评估的公正性、可靠性和评估成本有多大。就像跳水比赛一样，我们一方面需要完全由第三方组成的评委会来打分，给众多选手的表现评出个高低上下，另一方面，对于达到这个结果的过程的评估，则还是有赖于运动员和教练员自身，这是裁判员无法代替的工作。从成本和效率方面考虑，自身的评估是必要的，从公正性和客观性的角度考虑，则必须借助第三方的评估结果，此时第三方的专业性和公信力以及在行业里的影响力尤为重要。有效把自身评估和第三方评估相结合，就可以知道自己处在什么位置和下一步应该如何改进。

总结上述提到的公共关系效果评估需要关注的六个方面，实践中需要做到的不是选择甲，还是选择乙的问题，而是需要同时进行。是在每个纬度里找到侧重点，然后在不同纬度里一一找到对应。其难度也就产生与此。但无论如何，企业欲让公共关系带来更大的价值，公关部门欲得到更多的支持，甚至公关这个行业欲得到更大的发展，效果评估必须走向前台并且落到实处。

【延伸阅读】

公关效果评估的关键指标

1. 覆盖率（Gross Impression）

覆盖率是广告效果评估中常用的一个词汇，用在公关中也一样，特别是对传播、活动的效果评估，必须搞清楚覆盖到了多少人群，如果不清楚覆盖率，做出来的媒体计划以及活动都是盲目的。

覆盖率＝传播受众/市场所属区域的受众

2. 有效率（Effective Reach）

有效率是指，虽然覆盖到了，但有可能重复覆盖，或者覆盖是不一定有效的。综合覆盖率以及有效率，即可得出有效受众，它的作用可以直接用来表述宣传效果。

3. 千人成本（CPM-Per Thousand）

这也是广告术语，媒体载具每接触 1 000 人所需支付金额，在计算上是以媒体单价除以接触人口，再乘以 1 000。

它的计算方式有两种：

千人成本＝总成本/总受众×1 000

千人成本＝总成本/有效受众×1 000

真正能反映问题的第二个公式，“钱要花在刀刃上”说的就是这个，只有考虑了有效率的千人成本才是有意义的。

4. 准确性（correctness）

准确性的评估，是不可缺少的一个内容，做到覆盖率、有效率，还是效果不好，原因可能就是准确性差。信息被有效覆盖了，不等于被有效传递了，准确性包括的主要内容有传播定位的准确性、媒体策略的准确性、发布内容的准确性、传播方法的准确性等。

5. 传播力度（power）

业内也有人称之为爆破力，或者说引爆。当然，这不能全部说明问题，爆破力只能说明在某段时间内的爆破，但传播力度还包括长时间的影响。

针对爆破力而言，主要是指在某段时间内让企业的信息迅速充满媒体，并持续一段时间，这也是公关常用的一种方法，通常的一个事件营销就属于此类。通过对信息的占领，可以一下子吸引关注，并加强人们的记忆或者好感，从而达到公关的目标。关于爆破力的统计，可以选取一段时间，以媒体发布的数量、转载的数量、媒体跟进报道的数量进行分析统计，其中媒体跟进报道的数量能集中体现传播力度。

另外，关注度也是传播力度的一个表现，比如在一段时间内，行业内共发生了几个值得一提的新闻，给这些新闻排个名，再结合自己企业在市场的排名，就知道传播的力度够不够。对于一个企业而言，制定了年度计划，亦可回顾一下有没有哪个新闻值得一提，如果没有，说明没有传播力度。

6. 传阅率（Pass Along Rate）

搜索引擎的兴起，使得网络上文章内容被二次、三次阅读的远大于当日发布时的阅读量。特别是一些选购、评测、体验类的文章，被搜索到然后再被阅读，从而起到影响消费者购买决定的作用十分明显。因此，当人们在购买汽车、IT 等产品时，通常要上网查一查的相关信息，这时候传阅率就显得比覆盖率更为重要。因此，在效果评估时，以搜索引擎的搜索结果作为评估手段也已经成为重要的手段。

另一方面，发完一个消息以后，有时候会引起媒体的广泛报道，这事实上也叫传阅率。可见，传阅率既可以以人们对同一张报纸的多次阅读来做统计，也可以以搜索引擎上被搜索到的多次阅读来做统计，还可以以后续媒体自发跟进的报道来做统计。

7. 公关指数提升（improve of PR）

很多企业都需要建立和维护媒体关系，通过与公关公司的合作，一定在媒体关系层面获得一定的提升。打个简单的比方，如果企业不能做到媒体在刊出负面报道之前就得到相关消息，说明媒体的关系还不够到位。这可以量化为一共建立了多少家核心媒体的关系，也可以从单家媒体的关系提升上取得评估。

在公关效果的评估时，公众关系是否有下降，这也是回归到公关的本质，不能因为要见个头版，结果把记者关系搞得一团糟，这可能对于企业得不偿失。

8. 销售提升（improve of sale）

公关在某些时候可以对销售有刺激性的帮助，比如北京富亚涂料的老板喝完涂料后，消费者指名要买能喝的那种涂料；比如我们在网络上发布某个特殊电话号码后，会明显感受到电话的增长；比如 Mapabc 在 globrand. com 发布手机位置查询的代码后，一天内增长近万用户使用……但是，我们不能指望所有的公关都能产生这样的效果，毕竟广告有公关永远取代不了的作用。

当然，即便不能直接统计公关对销售增长的帮助，亦可以通过间接的方法获得销售增长的数据。用总增长刨去广告、促销等手段对销售增长的刺激作用，就可以得出公关对销售的增长作用。

正因为公关效果中，很多企业对“销售的提升”看得很重，所以像网通、移动这种企业，公关做到经常被业界嘲笑，依然业绩很好。像蒙牛的超级女生，批评者也不少，但是很多人将它看做是好案例……试问一下，有谁真正科学地统计过超级女生对蒙牛的贡献?

本章小结

创业的知识准备	
企业公共关系的内涵及功能	•
企业公共关系的策划	•
企业公共关系实施的模式	•
企业公关关系实施的评估	•

课后思考题

根据本章所讲的内容回答下面两个问题：

（1）举例说明，企业中存在那些内部和外部公共关系。

（2）简述企业公共关系策划的内容、原则和技巧。

实训题

自选材料，对材料中企业的公共关系策略进行评价。

第六章

企业发展的助推器：电子商务

学习目标：

通过本章的学习，你将能够了解：

管理信息系统的内容和特性

管理信息系统的开发方式和策略

电子商务的成本效益

客户关系管理的理论

最大是一个结果，不是原因。不是因为你要做最大就会成为最大，而是我要做最好最后自然发展为最大。

——冯仑

第一节　电子商务的内涵

一、电子商务的概念

电子商务通常是指是在全球各地广泛的商业贸易活动中，在因特网开放的网络环境下，基于浏览器/服务器应用方式，买卖双方不谋面地进行各种商贸活动，实现消费者的网上购物、商户之间的网上交易和在线电子支付以及各种商务活动、交易活动、金融活动和相关的综合服务活动的一种新型的商业运营模式。随着国内互联网使用人口的增加，利用互联网进行网络购物并以银行卡付款的消费方式已渐流行，市场份额也在快速增长，电子商务网站也层出不穷。

首先将电子商务划分为广义和狭义的电子商务。广义的电子商务定义为，使用各种电子工具从事商务或活动。这些工具包括从初级的电报、电话、广播、电视、传真到计算机、计算机网络，到NII（国家信息基础结构—信息高速公路）、GII（全球信息基础结构）和互联网等现代系统。而商务活动是从泛商品（实物与非实物，商品与非商品化的生产要素等）的需求活动到泛商品的合理、合法的消费除去典型的生产过程后的所有活动。狭义电子商务定义为，主要利用互联网从事商务或活动。电子商务是在技术、经济高度发达的现代社会里，掌握信息技术和商务规则的人，系统化地运用电子工具，高效率、低成本地从事以商品交换为中心的各种活动的总称。

2009年，世界电子商务交易额为3.8万亿元，其中网购2 586亿元，占零售额的2%。2010年上半年，电子商务交易额达到2.1万亿元，网购2 139亿元。预计移动电子商务户达7 300万户。

二、电子商务的作用

电子商务也可以指利用简单、快捷、低成本的电子通信方式，买卖双方不谋面地进行各种商贸活动。一般在能在网站上获得供求信息（如化工，服装等行业产品信息等）从而达成交易的行为活动都可以称之为电子商务，如具体的各类产品的供求信息网站也都可以称之为电子商务网站，并非一定所有模式必须完全相同，真正的目的是双方不曾谋面从而以低成本的电子通信方式成功从事各种商贸活动。模式是不同的，电子商务是互联网爆炸式发展的直接产物，是网络技术应用的全新发展方向。互联网本身所具有的开放性、全球性、低成本、高效率的特点，也成为电子商务的内在特征，并使得电子商务大大超越了作为一种新的贸易形式所具有的价值，它不仅会改变企业本身的生产、经营、管理活动，而且将影响到整个社会的经济运行与结构。

1. 电子商务将传统的商务流程电子化、数字化，一方面以电子流代替了实物流，可以大量减少人力、物力，降低了成本；另一方面突破了时间和空间的限制，使得交易活动可以在任何时间、任何地点进行，从而大大提高了效率。

2. 电子商务所具有的开放性和全球性的特点，为企业创造了更多的贸易机会。

3. 电子商务使企业可以以相近的成本进入全球电子化市场，使得中小企业有可能拥有和大企业一样的信息资源，提高了中小企业的竞争能力，特别适合创业企业。

4. 电子商务一方面破除了时空的壁垒，另一方面又提供了丰富的信息资源，为各种社会经济要素的重新组合提供了更多的可能。

第二节 电子商务应用系统

电子商务包括 B2B、B2C、C2C、B2M、M2C、B2A（即 B2G）、C2A（即 C2G）七类模式。

一、B2B=Business to Business

商家（泛指企业）对商家的电子商务，即企业与企业之间通过互联网进行产品、服务及信息的交换。通俗的说法是指进行电子商务交易的供需双方都是商家（或企业、公司），他们使用了互联网的技术或各种商务网络平台，完成商务交易的过程。这些过程包括：发布供求信息，订货及确认订货，支付过程及票据的签发、传送和接收，确定配送方案并监控配送过程等。有时写作 B to B，但为了简便用其谐音 B2B（2 即 two）。B2B 的典型是阿里巴巴、中国制造网等。B2B 按服务对象可分为外贸 B2B 及内贸 B2B，按行业性质可分为综合 B2B 和垂直 B2B。

商家与商家之间的电子商务将是电子商务业务的主体，约占电子商务总交易量 90%。就目前来看，电子商务在供货、库存、运输、信息流通等方面大大提高企业的效率，电子商务最热心的推动者也是商家。企业和企业之间的交易是通过引入电子商务能够产生大量效益的地方。对于一个处于流通领域的商贸企业来说，由于它没有生产环节，电子商务活动几乎覆盖了整个企业的经营管理活动，是利用电子商务最多的企业。通过电子商务，商贸企业可以更及时、准确地获取消费者信息，从而准确定货、减少库存，并通过网络促进销售，以提高效率、降低成本，获取更大的利益。

企业间电子商务通常交易过程可以分为以下四个阶段。一是交易前的准备。这一阶段主要是指买卖双方和参加交易各方在签约前的准备活动。二是交易谈判和签订合同。这一阶段主要是指买卖双方对所有交易细节进行谈判，将双方磋商的结果以文件的形式确定下来，即以书面文件形式和电子文件形式签订贸易合同。三是办理交易进行前的手续。这一阶段主要是指买卖双方签订合同后到合同开始履行之前办理各种手续的过程。四是交易合同的履行和索赔。

二、B2C＝Business to Customer

B2C 模式是我国最早产生的电子商务模式，以 8848 网上商城正式运营为标志。B2C即企业通过互联网为消费者提供一个新型的购物环境——网上商店，消费者通过网络在网上购物、在网上支付。由于这种模式节省了客户和企业的时间和空间，大大提高了交易效率，节省了时间。

在B2C电子商务领域占据地位越来越重要。目前，在互联网网上遍布各种类型的商业中心，提供从鲜花、书籍到计算机、汽车等各种消费商品和服务。

三、C2C＝Consumer to Consumer

C2C同B2B、B2C一样，都是电子商务的几种模式之一。不同的是C2C是用户对用户的模式，C2C商务平台就是通过为买卖双方提供一个在线交易平台，使卖方可以主动提供商品上网拍卖，而买方可以自行选择商品进行竞价。

这种应用系统主要体现在网上商店的建立，现在已经有很多的在线交易平台，如淘宝网、易趣网等。这些交易平台为很多消费者提供了在网上开店的机会，使得越来越多的人进入这一系统。

四、B2M＝Business to Manager

B2M是相对于B2B、B2C、C2C的电子商务模式而言，是一种全新的电子商务模式。而这种电子商务相对于以上三种有着本质的不同，其根本的区别在于目标客户群的性质不同，前三者的目标客户群都是作为一种消费者的身份出现，而B2M所针对的客户群是该企业或者该产品的销售者或者为其工作者，而不是最终消费者。

企业通过网络平台发布该企业的产品或者服务，职业经理人通过网络获取该企业的产品或者服务信息，并且为该企业提供产品销售或者提供企业服务，企业通过经理人的服务达到销售产品或者获得服务的目的。职业经理人通过为企业提供服务而获取佣金。

B2M与传统电子商务相比有了巨大的改进，除了面对的用户群体有着本质的区别外，B2M具有一个更大的特点优势：电子商务的线下发展突破了以上三者传统电子商务的特点：商品或者服务的买家和卖家都只能是网民，而B2M模式能将网络上的商品和服务信息完全的走到线下，企业发布信息，经理人获得商业信息，并且将商品或者服务提供给客户，B2M本质上是一种代理模式。

五、M2C＝Manager to Consumer

M2C是针对于B2M的电子商务模式而出现的延伸概念。B2M环节中，企业通过网络平台发布该企业的产品或者服务，职业经理人通过网络获取该企业的产品或者服务信息，并且为该企业提供产品销售或者提供企业服务，企业通过经理人的服务达到销售产品或者获得服务的目的。而在M2C环节中，经理人将面对最终消费者。

M2C是B2M的延伸，也是B2M这个新型电子商务模式中不可缺少的一个后续发展环节。经理人最终还是要将产品销售给最终消费者，而这里面也有很大一部分是要通过电子商务的形式，类似于C2C，但又不完全一样。C2C是传统的盈利模式，赚取的基本就是商品进出价的差价。而M2C的盈利模式则丰富、灵活得多，既可以是差价，也可以是佣金。而且M2C的物流管理模式也可以比C2C更富多样性，比如零库存；现金流方面也较传统的C2C更有优势。

互联网上的电子商务可以分为三个方面：信息服务、交易和支付。主要内容包括：电子商情广告；电子选购和交易、电子交易凭证的交换；电子支付与结算以及售后的网上服务等。主要交易类型有企业与个人的交易和企业之间的交易两种。参与电子商务的实体有四类：顾客（个人消费者或企业）、商户（包括销售商、制造商、储运商）、银行（包括发卡行、收单行）及认证中心。

从贸易活动的角度分析，电子商务可以在多个环节实现，由此也可以将电子商务分为两个层次，较低层次的电子商务如电子商情、电子贸易、电子合同等；最完整的也是最高级的电子商务应该是利用互联网能够进行全部的贸易活动，即在网上将信息流、商流、资金流和部分的物流完整地实现，也就是说，你可以从寻找客户开始，一直到洽谈、订货、在线付（收）款、开具电子发票以至到电子报关、电子纳税等通过互联网一气呵成。

要实现完整的电子商务还会涉及很多方面，除了买家、卖家外，还要有银行或金融机构、政府机构、认证机构、配送中心等机构的加入才行。由于参与电子商务中的各方是互不谋面的，因此整个电子商务过程并不是物理世界商务活动的翻版，网上银行、在线电子支付等条件和数据加密、电子签名等技术在电子商务中发挥着重要的、不可或缺的作用。

电子商务还有两类：B2A＝Business to Administration，即商业机构对行政机构的电子商务；C2A＝ Consumer to Administration，即政府对个人的电子商务活动。

第三节 电子商务存在的问题

一、网络自身有局限性

有一位消费者在网上订购了一新款女式背包，虽然质量不错，但怎么看款式都没有网上那个中意。许多消费者都反应实际得到的商品不是在网上看中的商品。这是怎么回事呢？其实在把一件立体的实物缩小许多变成平面的画片的过程中，商品本身的一些基本信息会丢失；输入电脑的只是人为选择商品的部分信息，人们无法从网上得到商品的全部信息，尤其是无法得到对商品的最鲜明的直观印象。

二、搜索功能不够完善

当在网上购物时，用户面临的一个很大的问题就是如何在众多的网站找到自己想要的物品，并以最低的价格买到。搜索引擎看起来很简单：用户输入一个查询关键词，搜索引擎就按照关键词到数据库去查找，并返回最合适的 Web 页链接。但根据 NEC 研究所与 Inktomi 公司最近研究结果表明，目前在互联网上至少 10 亿网页需要建立索引。而现有搜索引擎仅仅能对 5 亿网页建立索引。仍然有一半不能索引。这主要不是由于技术原因，而是由于在线商家希望保护商品价格的隐私权。因此当用户在网上购物时，不得不一个网站一个网站搜寻下去，直到找到满意价格的物品。

三、用户消费观念跟不上

电子商务与传统商务方式一个很大的不同是交易的当事人不见面，交易的虚拟性强，这就要求整个社会的信用环境要好，信用消费的观念要深入人心。西方国家的电子商务发展势头比较好，一个重要的原因是西方的市场秩序比较好，信用制度比较健全，信用消费观念已被人们普遍接受。然而在我国，一方面人们信用消费的意识非常薄弱，信用卡的使用远没有普及；另一方面，人们到商场还怕买到假冒伪劣产品，更何况是在不知道离自己多远的网上？

四、交易的安全性得不到保障

电子商务的安全问题仍然是影响电子商务发展的主要因素。由于互联网的迅速普及，电子商务引起了广泛的注意，被公认为是未来 IT 业最有潜力的新的增长点。然而，在开放的网络上处理交易，如何保证传输数据的安全成为电子商务能否普及的最重要的因素之一。调查公司曾对电子商务的应用前景进行过在线调查，当问到为什么不愿意在线购物时，绝大多数的人的问题是担心遭到黑客的侵袭而导致信用卡信息丢失。因此，有一部分人或企业因担心安全问题而不愿使用电子商务，安全成为电子商务发展中最大的障碍。

五、电子商务的管理不够规范

电子商务的多姿多彩给世界带来全新的商务规则和方式，这更加要求在管理上要做到规范，这个管理的概念应该涵盖商务管理、技术管理、服务管理等多方面，因此要同时在这些方面达到一个比较令人满意的规范程度，不是一时就可以做到的。另外电子商务平台的前后端相一致也是非常重要的。前台的 Web 平台是直接面向消费者的，是电子商务的门面。而后台的内部经营管理体系则是完成电子商务的必备条件，它关系到前台所承接的业务最终能不能得到很好的实现。一个完善的后台系统更能体现一个电子商务公司的综合实力，因为它将最终决定提供给用户的是什么样的服务，决定电子商务的管理是不是有效，决定电子商务公司最终能不能实现赢利。

六、支付问题

由于金融手段落后、信用制度不健全，中国人更喜欢现金交易，没有使用信用卡的习惯。而在很多发达国家，现金交易较少，国民购物基本上采用信用卡支付，而且国家出于金融、税收、治安等方面的原因，也鼓励使用信用卡以减少现金的流通。完善的金融制度，方便、可靠、安全的支付手段是B2C电子商务发展的基本条件。不难看出，影响我国电子商务发展的不单是网络带宽的狭窄、上网费用的昂贵、人才的不足以及配送的滞后，更重要的原因来自于信用制度不健全与人们的生活习惯。

七、配送问题

配送是让商家和消费者都很伤脑筋的问题。网上消费者经常遇到交货延迟的现象，而且配送的费用很高。业内人士指出，我国国内缺乏系统化、专业化、全国性的货物配送企业，配送销售组织没有形成一套高效、完备的配送管理系统，这毫无疑问地影响了人们的购物热情。

八、电子合同的法律问题

在电子商务中，传统商务交易中所采取的书面合同已经不适用了。一方面，电子合同存在容易编造、难以证明其真实性和有效性的问题；另一方面，现有的法律尚未对电子合同的数字化印章和签名的法律效力进行规范。

此外，电子商务还存在税务、标准、知识产权等问题，例如目前网上商品价格参差不齐，主要成交类别商品价格最大相差40％；网上商店服务的地域差异大；在线购物发票问题大；网上商店对订单回应速度参差不齐；电子商务方面的法律，对参与交易的各方面的权利和义务还没有进行明确细致的规定。

第四节 电子商务成本效益分析

随着信息时代的到来和网络、通信技术的快速发展，电子商务对中小企业特别是创业企业的影响越来越大。电子商务为创业企业提供了与大企业公平竞争的平台，提供了大量的市场机会，也由此为创业企业带来了直接、间接和潜在的效益。创业企业需提高对电子商务的认识，并根据自身的特点，选择适当的方式参与电子商务，充分利用网络信息环境，以更低的成本获得更大的企业效益。

一、中小企业电子商务成本分析

中小企业开展电子商务的成本主要体现在以下几个方面：

1. 系统构建成本

企业建立电子商务系统过程中所发生的各种成本主要包括系统环境构建的人、财、物投入成本。企业实施电子商务必须具备必要的硬件和软件环境。首先是基础设施的购建，如计算机、服务器、交换机和网络及其他设备、线路等硬件作为载体，这些均属于固定成本。同时，还必须具备相关的电子商务软件，才能正常运行并完成其所需的功能。硬件成本除了购置所需的费用之外，还有日常维护、维修以及损耗、升级等所需的成本。软件也同样有购买、开发、维护等方面的成本，而且，为了赶上潮流，抓住商机，必须适时对电子商务系统进行更新换代，而这方面的成本是很高的。在构建电子商务环境中，企业在人、财、物方面的投入是巨大的。该成本一般在早期是一次性投入，因此对于中小企业特别是创业企业来说，的确是个不小的负担。

2. 技术支持成本

技术支持成本包括对电子商务系统的设计、运行、维护和管理等方面的支出。从中小企业的情况来看，90%以上的企业由于技术力量薄弱、人才资源匮乏，在电子商务系统建设方面往往没有自己专门的技术队伍，大多数企业需要以租赁的方式求助于计算机软件公司或近年新兴的ASP，因此所付出的代价是相当高昂的。此外，技术支持成本还包括应用信息技术后必须发生的各种支持服务费用等，这对于中小企业来说也是一大笔开支。

3. 运营管理成本

运营管理是中小企业实施电子商务并获取利益的关键环节，在这一环节中发生的成本主要有交易成本、人力投入成本、系统管理成本和配送成本等等。

交易成本指企业利用电子商务环境与交易对方或其他企业进行商务贸易活动所发生的各种成本。这一过程中所需的费用主要有组织网上交易、对交易对方的调研费用、交易双方协商、起草和签订合同、监督和实施合同等。例如企业利用电子商务平台发布产品和服务信息，向交易商提供交易结算、货款收付等服务。

人力投入成本包括为了电子商务系统的正常运行，除了构建系统时所需的技术人员之外，在投入运行后必须配备相关人员、对人员进行必要的教育培训以及支付人员的工资等方面所花的费用。

物流配送是电子商务最后的环节，也是个重要的环节。它需要有商品的存放网点、需要增加运输、配送人员的开支，由此而增加的成本是不可忽视的。

管理成本是指为了正常应用电子商务系统，需要建立相关的管理机构，制定管理制度，对运行系统进行计划、协调、控制，对交易活动进行监督和管理所需要的成本。这一成本无法准确估算，但对中小企业来说尤其重要。不少中小企业投入巨额资金，好不容易建立起电子商务的应用环境，却由于管理不善而将设备闲置、系统丢荒，电子商务成了一种摆设。这种浪费对于经济实力有限的中小企业而言更是雪上加霜。因此，必要的管理成本是必须投入的。

4. 安全成本

与大企业一样，中小企业在具有开放性的网络环境下进行商务活动，不得不考虑安全问题，例如交易的公正性和安全性、交易方身份的真实性、传递信息的准确性和完整性以及交易的不可抵赖性等。为了企业能安全地实施电子商务，必然要制定必须的安全标准、开发安全技术，采取一系列的安全技术措施。而这些交易安全的协议、规章制度以及技术措施的使用及其学习和操作无疑增加了电子商务应用的成本。

5. 风险成本

这是企业开展电子商务时不可避免的隐形成本。例如由于病毒的入侵、黑客的袭击、人才的流失、软硬件的更新换代等无法确定、不易把握的因素引致的成本。由于中小企业的实力较薄弱，风险更大，因此在这方面所承受的压力相对更大。

6. 其他成本和费用

除了上述成本以外，在实施电子商务过程中还会发生其他一些成本和费用，例如入网费用、注册费用、人员费用等。还有些间接发生的成本，如操作技术不配套而发生的成本、对信息处理不当而间接产生的成本以及对新设备和新技术不适当的引进造成的浪费成本等。

上述各种成本中，构建成本和运营管理成本所占比例较大，也最基础、最直接；而安全成本和风险成本相对隐性，但却不可忽视。随着电子商务的不断发展，各种成本的结构及比重也在发生变化，例如构建成本中的硬件成本会随着电子技术和计算机硬件技术的发展而逐渐降低，而软件成本却随着网络环境下商务活动的功能需求变化而不断增加；隐形成本也因信息安全、技术保护、知识产权保护、经营风险等问题日益凸现而不断增加。对中小企业来说，由于信息化的成本较高，在构建系统和运营管理等环节往往存在资金和技术方面的困难，有些企业因此失去信心而放弃电子商务的应用。因此，中小企业应根据自己的实际情况，对实施电子商务所发生的各种成本认真分析研究，了解哪些成本是可以控制的，哪些成本是可以降低的，哪些成本是可以避免发生的，以哪一种方式实施电子商务比较适合自己，以便以低成本获取应有的企业效益。

二、中小企业电子商务效益分析

企业对电子商务感兴趣的理由是它可以为企业带来利益。中小企业开展电子商务虽然需要花费不小的成本，但电子商务给中小企业提供了与大企业公平竞争的平台，提供了大量的市场机会，也由此为中小企业带来了直接、间接的效益。

1. 直接效益

电子商务给中小企业带来的直接效益主要是指具体的营运效益，如成本上的节省或生产上的效率，主要表现在以下方面。

(1) 通过建立企业网站，利用网络宣传树立企业形象、传递产品信息，增加企业的销售机会和消费者的购买机会。

(2) 利用网络进行交易，降低交易成本，提高营销效率。传统商务中，供应链耗费25％的运营成本，而电子商务利用网络的便利，改善了供应链管理，从而使成本降低了10％以上。

(3) 由网络和计算机来传送文件，大大加速文件的处理速度，降低文件处理的成本。根据有关方面的研究分析，应用网络传输可以使文件处理成本降低近40%。

(4) 计算机自动接受和处理信息，可以减少工作量，减少员工成本15%～20%。

(5) 合理地安排原材料进货和按订单生产，从而减少库存，加快了资金周转。

(6) 减少中间环节，节省信息成本，为企业及时地获取准确的信息创造了条件。

2. 间接效益

间接效益是指那些不容易被具体量化的利益，可以说是层次较高、布局长远的企业利益，它通常是策略性、导向性的。电子商务给中小企业带来的间接效益主要有：

(1) 提高企业的管理效率和服务水平，从而提高企业的竞争力。

(2) 扩大业务范围与规模，从而取得规模经济效益。

(3) 加强与客户的沟通，从而扩大市场规模，获取更大的经济效益。

(4) 提高企业员工综合素质，从而促进企业服务素质和水平的提高。

案例6—1

小鹏旅游资讯有限公司，利用网络环境推出的“旅游行业信息在线管理与营销DIMOS系统”，已覆盖广西全区旅游管理部门及旅行社，实现了全区旅游行业的信息化管理，有效提升了旅游行业的信息化水平，从而使旅游行业的业务量也得到了快速提高。

(5) 以先进的交易模式和管理模式获得社会和交易商的认同，

从而提高社会效益和经济效益。

从目前中小企业应用电子商务的情况分析，也许有些企业所获得的利益与所投入的成本并不成正比，甚至从短期来看也许看不到明显的效益。但从长远利益看，电子商务是企业的希望，是未来发展的趋势。

案例6—2　沃尔玛连锁店的电子商务竞争策略

通过全球最大的零售企业沃尔玛连锁店的电子商务竞争策略，可以发现信息系统在构筑电子化供应链，有效沟通供应商、分销商和零售商中发挥着无可替代的重要作用。

沃尔玛连锁店提倡“低成本、低费用结构、低价格”的经营思想，主张把更多的利益让给消费者，“为顾客节省每一美元”。公司每星期六早上举行经理人员会议，如果有分店报告，某商品的价格在其他商店低于沃尔玛，立即决定降价。沃尔玛不仅没有因此亏本，反而成为全美投资回报率最高的企业之一。

沃尔玛在全球网络销售中的排名，曾一度下降到第43位，远远低于网络高涨时一期迅猛成长起来的E-BAY，BUY.COM等“暴发户”。当美国亚马逊网上书店迎来第100万个消费者时，沃尔玛的网站只有几万人光顾。在网站经营不振时，沃尔玛的在线销售只占总销售额的3%。沃尔玛因此被称为电子商务领域的侏儒。但沃尔玛没有被公司网站的萧条状况所吓倒，公司认真研究网络竞争者的特性，然后制定了一系列有针对性的计划，学习亚马逊的成功经验，有效利用企业自身多年以来建立的品牌优势，快速建立了一个从牙膏牙刷到高档电器无所不包的虚拟商店，并与其实力雄厚的配送系统相匹配，逐渐走向成功。

沃尔玛之所以能够提供“每日低价”和“最周到的服务”，得益于其从天空到海洋、从无线到有线无所不包的信息网络。沃尔玛利用最先进的信息技术和设备，把供应商、分销商和零售商，直到最终用户连成一个整体功能性网络结构，通过对信息流、物流、资金流的有效调控，大幅度节约了成本，并把最细致完善的服务提供给消费者。

基于“顾客砍价能力”的提高，沃尔玛奉行以最终顾客为导向的经营策略。零售业是直接与最终消费者一接触的行业，如果企业不以满足消费者的需要为中心是无法生存下去的。这一点沃尔玛公司理解得最为透彻。推销员出身的沃尔玛连锁店的创始人山姆·沃尔顿，了解消费者一真正需要什么，因此，“让顾客满意”排在沃尔玛公司目标的第一位，“顾客满意是保证我们未来成功与成长的最好投资”，是公司的基本经营理念。只要有关顾客利益，沃尔玛总是站在顾客一边，尽力维护顾客的利益。沃尔玛站在消费者的立场上，苛刻地挑选供应商，顽强地讨价还价，目的就是做到在商品齐全、品质有保证的基础上向顾客提供价格低廉的商品。

另一方面，行业利润透明之后，供应商的议价能力有大幅度的提高。当市场影响力向供应商倾斜时，供应商的权力变大，他们会以提高供应的价格和降低产品质量来提高整个行业的利润。为此，沃尔玛的供应商挑选策略包括：共享品牌优势，在更大甚至全球范围内采购商品。近年来，沃尔玛不断加大在中国市场的商品采购额就是这个目的。借助信息系统的有效调配，沃尔玛实现了全球范围的资源配置，以最低廉的价格服务于顾客，赢得在市场竞争中的优势地位。

本章小结

创业的知识准备	
电子商务的概念和应用	•
电子商务的问题	•
电子商务成本效益分析	•

课后思考题

根据本章所讲的内容回答下面的问题：

分析电子商务的优势和劣势。

实训题

根据自己的创业项目，请对可能涉及电子商务的成本效益进行分析。